Les appliqués et créations estivales

de Parfum du Ciel

Valérie Roy

CréaPassions
www.creapassions.com

Du même auteur :
Sarouels et autres trucs de filles,
À vos fils, Créapassions

Éditrice :
Emmanuelle PROT
Tél. : 06 17 06 43 02
Email :
eprot@creapassions.com

ISBN 978-2-8141-0046-6

CréaPassions™, ScrapAttitude™,
DecoAttitude™ et
Square des Loisirs™ sont
des marques déposées par
Vitrac & Son Publishing Ltd.
1A Pope Street, London,
United Kingdom
www.vitracandson-publishing.co.uk

Les looks

Quelques conseils de couture

Les hauts

Les customisations

Les bas

Le carnet technique et les gabarits

La **tunique** de **Madame Butterfly**

Un papillon, deux papillons, une envolée de papillons pour se sentir légère au gré du vent dans la tunique de Madame Butterfly.

La tunique de Madame Butterfly

Niveau technique : 2/5

Il vous suffit de savoir faire des appliqués et des boutonnières.

Niveau créativité : 3/5

Variez le nombre, la forme et les tissus des papillons. Vous pouvez aussi coudre des antennes pour les rendre encore plus réels, et en peindre sur la tunique.

Et si vous rallongez sa hauteur, elle peut devenir une robe.

Vous trouverez les explications sur la réalisation de la tunique de Madame Butterfly **pages 44** et **45**.

Le **kimono** à **manches pagodes** et la **jupe asymétrique**

Une geisha est passée par là, l'avez-vous vue au milieu de toutes ces fleurs ?

Elle aime son kimono et sa jupe à pan. Elle aime son univers kawaï. Je crois que je l'ai trouvée : elle sommeille en vous !

Le kimono à manches pagodes et la jupe asymétrique

Pour le kimono

Niveau technique : 4/5

La difficulté se trouve plus dans le tracé de votre patron que dans la réalisation du kimono.

Niveau créativité : 3/5

Vous pouvez jouer sur l'effet de manches en fronçant les extrémités au lieu de réaliser les manches pagodes.

Vous pouvez également les retirer et en faire un petit gilet, à porter par-dessus une robe ou un top. Dans des couleurs plus sobres et avec une fleur capucine à la boutonnière, il sera très chic.

Et si vous rallongez sa hauteur, elle peut également se porter en robe.

Pour la jupe

Niveau technique : 2/5

Il vous suffit de savoir poser une fermeture à glissière.

Niveau créativité : 3/5

Vous pouvez augmenter la longueur de la jupe si elle vous semble trop courte, et jouer sur la forme du pan.

Vous trouverez les explications sur la réalisation du kimono **pages 46 à 48** et de la jupe asymétrique **pages 72 et 73.**

La **jupe du toucan**

Jupe ou robe ? Court ou long ? À vous de choisir. À moins que vous ne ceinturiez la robe, qui dans ce cas se transformera en tunique. Unique, me direz-vous ? Oui, mais jamais la même !

La robe du toucan

Niveau technique : 2/5

Il vous suffit de savoir faire des appliqués et des fronces.

Niveau créativité : 3/5

Vous pouvez rallonger la robe en y ajoutant des volants. Bien longue et ceinturée, elle vous donnera un air bohème.

Et, avec une grande broche fleur capucine à piquer sur le décolleté, vous aurez le total look !

Vous trouverez les explications sur la réalisation de la jupe **pages 74 et 75.**

La **jupe** aux **libellules**

Entre ciel et eau vit la libellule. Libre et éphémère, elle a décidé de se poser sur son nénuphar. Mais est-ce donc bien un nénuphar que cette jupe qui ondule ?

La jupe est portée avec une bague fleur provenant des créations *Les Fleurs de Zine* **(voir dans le carnet d'adresses page 116).**

Niveau technique : 4/5

Les libellules sont délicates à réaliser en appliqué car elles sont fines.

La jupe nécessite un niveau en couture intermédiaire.

Niveau créativité : 2/5

Vous pouvez augmenter l'aspect parachute de la jupe, en réduisant en longueur les liens de maintien intérieur.

Vous trouverez les explications sur la réalisation de la jupe **pages 77 et 78.**

Le **top étoiles et** la **jupe** à **plis**

La tête dans les étoiles ? Ça ne fait pas un pli ! Un peu de rêve, un peu de magie et la vie s'embellit.

Pour le top

Niveau technique : 2/5

Il vous suffit de savoir faire des appliqués et des fronces.

Niveau créativité : 4/5

Le top étoile étant une customisation, vous pouvez varier les plaisirs en prenant pour base une tunique ou une robe.

Coudre les appliqués ou peindre les étoiles sur les parties rajoutées.

Pour la jupe

Niveau technique : 2/5

Il vous suffit de savoir faire des plis.

Niveau créativité : 2/5

Variez le nombre de plis, la découpe assymétrique et la longueur de la jupe.

Vous trouverez les explications sur la réalisation du top étoiles **pages 56 et 57** et de la jupe à plis **pages 79 et 80**.

La **tunique** aux **hibiscus**

Chut ! Ne faites pas de bruit en tournant la page, car je voudrais entendre le vol du colibri, venu butiner les hibiscus de ma tunique.

Devant derrière, derrière devant. Vous pourrez porter cette tunique selon votre envie d'entendre ou non ce si joli colibri.

La tunique aux hibiscus

Niveau technique : 3/5

La difficulté se trouve essentiellement dans la réalisation des appliqués colibris et hibiscus.

Niveau créativité : 2/5

Rallongez la hauteur de la tunique et elle deviendra robe.

Ou bien inventez une autre encolure.

Vous trouverez les explications sur la réalisation de la tunique aux hibiscus **pages 49 et 50**.

La **tunique** au **flamand rose**

On m'a dit que le flamand est rose parce qu'il mange beaucoup de crevettes. Moi je pense plutôt que c'est parce qu'il est rose de bonheur. Comme quoi, il ne faut pas croire tout ce que l'on dit !
Mais alors pourquoi, moi, ne suis-je pas rose ? C'est certainement parce que je ne mange pas assez de crevettes !

La tunique au flamand rose et son cache épaule

Niveau technique : 3/5

Il vous suffit de savoir faire des smocks.

Niveau créativité : 5/5

Cette customisation permet réellement à votre personnalité de s'exprimer. Elle peut être tout autre, en retirant les bretelles, en rallongeant la partie basse ou en smockant également l'avant. À vous de vous laisser guider par vos envies.

Vous trouverez les explications sur la réalisation de la tunique au flamand rose **pages 58 à 61** et du cache épaule **page 51**.

La **tunique de Heidi**

Heidi aime ses montagnes et moi j'aime la mer. Entre les deux mon cœur balance : pourquoi donc faudrait-il toujours faire un choix ?

Niveau technique : 2/5

Il vous suffit de savoir faire des appliqués et des boutonnières.

Niveau créativité : 5/5

Variez le nombre, la forme et les tissus des fleurs.

La tunique étant une customisation, vous pouvez utiliser tout type de tee-shirt en support, retirer le plastron, le remplacer par un col.

Alors ? Êtes-vous une Heidi dans l'âme ?

Vous trouverez les explications sur la réalisation de la tunique de Heidi **pages 62 à 65**.

Le **paréo** à **effeuiller**

Un paréo, un lys à la ceinture, et le soleil sur ma peau… ça y est, je suis prête à lézarder. Et vous, me suivrez-vous ?
Le paréo est porté avec le magnifique collier ethnique de *Fifi Brin de Folie* et la bague fleur des créations *Les Fleurs de Zine* (**voir le carnet d'adresses page 116**).

Le paréo à effeuiller

Niveau technique : 1/5

Il vous suffit de savoir faire des appliqués et des boutonnières.

Niveau créativité : 3/5

Pour le paréo, toute votre créativité pourra s'exprimer dans la peinture textile. Si vous savez dessiner, votre créativité sera sans limite.

Vous trouverez les explications sur la réalisation du paréo **pages 81 et 82.**

La robe-tablier coquelicots

Aujourd'hui, j'ai cueilli des coquelicots. Et cette fois, ils n'ont pas fané.

Magique, me direz-vous ? Essayez vous aussi, et vous verrez que sur votre tablier, vos coquelicots ne vous quitteront plus.

La robe-tablier coquelicots

La robe-tablier coquelicots est portée avec le bracelet précieux de *Free colors* (**voir le carnet d'adresses page 116**).

La robe-tablier coquelicots

Niveau technique : 2/5

Il vous suffit de savoir faire des appliqués.

À première vue, la robe semble difficile à réaliser, mais c'est en réalité l'un des modèles les plus faciles à coudre.

Niveau créativité : 4/5

En jouant sur le nombre et la hauteur des plis, vous obtiendrez une tout autre forme.

Cette robe-tablier étant une customisation, vous pouvez varier les supports en utilisant une autre robe, une tunique ou bien une multitude d'autres tee-shirts.

Vous trouverez les explications sur la réalisation de la robe-tablier coquelicots **pages 66 à 68**.

La **capuche** du Petit **Chaperon rouge**

Au détour d'un chemin, j'ai rencontré le Petit Chaperon rouge.

« Dis-moi, petite, pourquoi as-tu une si grande capuche ?

C'est pour mieux me cacher du Grand méchant loup !

Le loup n'habite pas dans ce livre, j'ai pris tes ciseaux et j'ai découpé sa page… »

Le Petit Chaperon rouge a pris la page, a souri au loup, puis l'a mis dans sa poche.

Comme quoi, il suffit de pas grand-chose pour devenir amis !

La capuche du Petit Chaperon rouge

L'ensemble est porté avec un sautoir de *Z comme Zézé* (**voir le carnet d'adresses page 117**) détourné en bracelet.

Niveau technique : 1/5

La seule difficulté réside dans la réalisation de la fleur au bout de la capuche.

Niveau créativité : 3/5

Vous pouvez varier la forme de la capuche : pointue comme un lutin ou alors moins ample… mais vous pouvez aussi rallonger la cape qui vous donnera une allure de Jedi.

Avec un peu plus de tissu, le Petit Chaperon rouge aura la force en lui !

Vous trouverez les explications sur la réalisation de la capuche **pages 53 à 55** et de la jupe à plis **pages 79 et 80**.

La **robe hirondelle**

En venant m'annoncer le printemps, une hirondelle s'est posée sur ma robe. Longtemps, elle est restée immobile…

La robe hirondelle

… puis elle est repartie annoncer les beaux jours à une autre personne.

Je crois qu'elle m'a apporté le bonheur. Et cette autre personne, je crois bien que c'est vous !

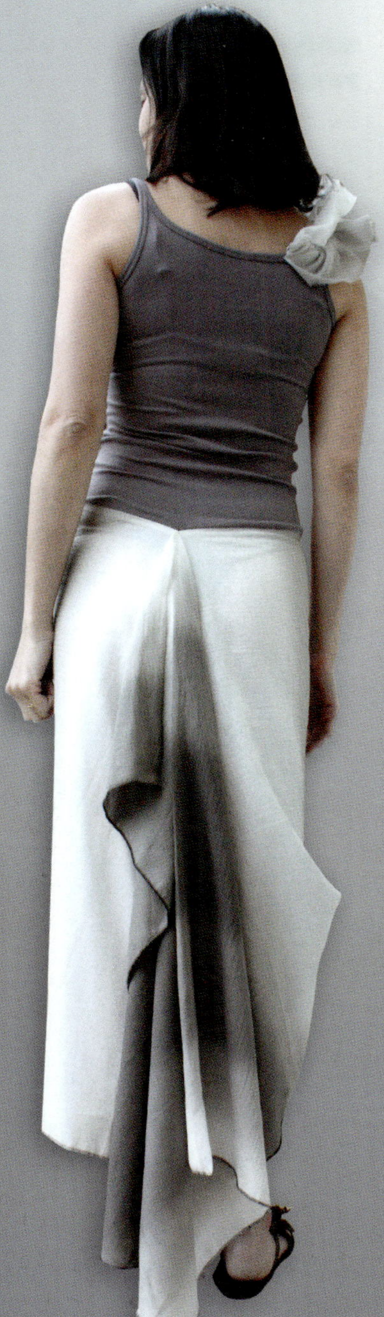

La robe hirondelle

Niveau technique : 1/5

Le plus difficile sera soit de crocheter les fleurs, soit de trouver une copine qui le fera pour vous !

Niveau créativité : 5/5

Cette robe étant une customisation, vous pourrez laisser libre cours à vos envies. Par exemple en lui rajoutant une ceinture, un col très large retombant sur le devant, ou encore en rajoutant des plis sur les côtés, en changeant de support…

Alors, êtes-vous prête ?

Vous trouverez les explications sur la réalisation de la robe hirondelle **pages 69 à 71**.

Ce **qu'il faut pour réaliser tous les looks !**

ENCORE ET TOUJOURS DE L'ENTHOUSIASME !

Ne doutez pas de vos compétences en couture, car toutes les créations proposées sont réalisables par des débutantes.

Vous savez coudre droit ? Vous savez coudre un ourlet ? Alors vous saurez coudre tous ces looks !

À partir de formes très simples vous parviendrez, par des jeux de plis, de fronces et d'appliqués, à réaliser des habits d'été pour enchanter votre entourage.

Alors, prête à retrousser vos manches et à faire chauffer votre "MAC" (Machine À Coudre) ?

astuce

Vous trouverez dans le carnet technique **page 117**, les adresses pour réaliser vos étiquettes personnalisées. C'est le petit plus qui rendra vos créations uniques et reconnaissables entre mille.

fournitures

- Une machine à coudre, bien sûr. Pas besoin du dernier modèle high-tech, car pour coudre tous les modèles proposés, vous n'aurez besoin que du point droit, du point zigzag, du pied pour réaliser une boutonnière et du pied pour poser une fermeture à glissière
- Une surfileuse (facultative, mais si vous avez la chance d'en avoir une, c'est mieux !) pour faire des finitions impeccables
- Des aiguilles de machine à coudre. À chaque tissu correspond son aiguille : le numéro 70 convient pour des tissus fins, le 80 ou le 90 pour la plupart des tissus et le 100 pour les tissus épais. Sans oublier des aiguilles spéciales stretch pour les matières élastiques
- Des cannettes : autant que vous aurez de couleurs de fil
- Des aiguilles à coudre
- Des épingles et leur carnet de rangement (ici réalisé par la fée d'ombre ; **voir le carnet d'adresses page 116**)
- Des épingles à nourrice
- Du fil : choisissez votre fil d'une couleur ton sur ton avec votre tissu ou votre biais
- Du fil élastique pour les smocks
- Un découd-vite
- Des ciseaux de couture et des ciseaux à broder

- Un mètre de couturière
- Une règle de couturier (1 mètre de long)
- Une craie de tailleur
- Du papier de soie pour patron
- Des élastiques de différentes largeurs
- Des boutons
- Du tissu à foison
- Du biais coordonné à vos tissus
- Des rubans, du sergé
- Des étiquettes personnalisées
- Des fermetures à glissière
- Un fer à repasser

Pour réaliser vos appliqués
- Des chutes de tissu
- De la ouate plate
- De la Vlieseline® thermocollante pour renforcer vos tissus
- De la peinture textile
- Des boutons
- Des perles

conseil

Pour vous y retrouver dans tout ce petit bazar, ne vous laissez pas envahir !

Rangez et classez tout votre matériel par thème (bobines de fil, canettes et découd-vite, ensemble ciseaux, craie de tailleur et mètre de couturière, ensemble tissus rangés par couleur, par thème ou par matière…).

Les **mesures et prises de mesures**

Tous les modèles proposés dans ce livre ne nécessitent pas de patron, car ils sont très faciles à tracer. Tous se basent sur *vos* mesures.

Vous verrez, pour chaque gabarit proposé, que la plupart des mesures se calculent à partir d'*une* mesure précise de votre corps.

Pour cette raison, il est donc très important de prendre ces mesures correctement.

Prenez toujours vos mesures à même la peau, par-dessus vos sous-vêtements habituels.

Faites-vous aider, car certaines mesures pourraient être faussées si vous les preniez seules.

Les gabarits représentent le ½ du corps (devant et dos). Ainsi, les circonférences (telles que le tour de poitrine, de taille ou de hanche) doivent être divisées par deux.

Pour réaliser les modèles de ce livre, vous aurez besoin de mesurer parallèlement au sol les éléments suivants :

1. Le ½ tour de poitrine : faites passer le mètre sous les bras en ramenant sur la pointe des seins. Divisez cette mesure en deux.

2. Le ½ tour de sous-poitrine : faites passer le mètre sous les bras en ramenant à la naissance des seins. Divisez cette mesure par deux.

3. Le ½ tour de taille : mesurez le tour de taille à l'endroit le plus étroit. Divisez cette mesure par deux.

4. Le ½ tour de grandes hanches : mesurez le tour de hanches à l'endroit le plus fort. Divisez cette mesure par deux.

5. Le ½ tour de petites hanches : mesurez à 9 cm au-dessus des grandes hanches, au niveau des crêtes iliaques. Divisez cette mesure par deux.

6. La longueur d'épaule à épaule : mesurez d'un sommet d'épaule à l'autre, côté dos.

à savoir

Dans le carnet technique, les mesures X, Y ou Z correspondant à vos mesures sont précisées à titre d'exemple afin de vous aider à comprendre la démarche à suivre. Elles correspondent, pour la plupart, à une taille 40 (d'après les normes AFNOR dont vous pourrez consulter un tableau **page 115**).

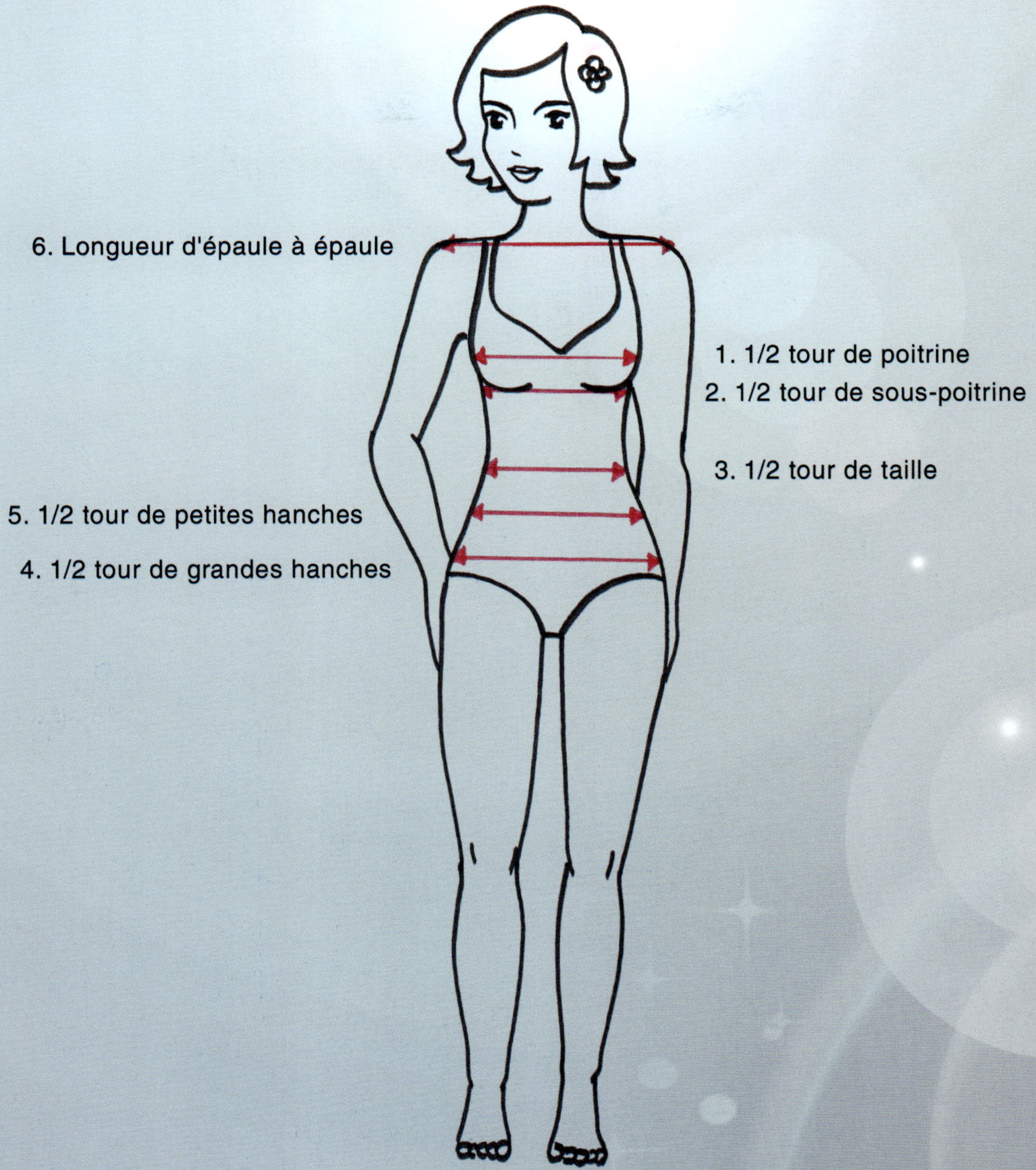
6. Longueur d'épaule à épaule
1. 1/2 tour de poitrine
2. 1/2 tour de sous-poitrine
3. 1/2 tour de taille
5. 1/2 tour de petites hanches
4. 1/2 tour de grandes hanches

Quelques conseils de couture.
Le surfilage

Pour chaque modèle, un type de tissu est conseillé (souple, raide, élastique...) ainsi que son métrage par taille.

Reportez bien vos mesures sur le gabarit afin de déterminer le bon métrage. N'oubliez pas de prendre en compte le sens de l'imprimé du tissu.

Lavez et repassez toujours vos tissus avant de les coudre, afin de retirer l'apprêt et de ne pas être surprise par un éventuel rétrécissement.

Repérez le droit-fil du tissu. Il est toujours perpendiculaire ou parallèle à la lisière du tissu. Lorsque vous posez votre gabarit sur le tissu, veillez toujours à positionner dans le même sens le droit-fil du tissu et la flèche du gabarit qui y correspond.

Assemblez toujours vos tissus endroit contre endroit (sauf mention contraire). Choisissez un fil de couleur coordonnée au tissu ainsi qu'une aiguille adaptée (**voir pages 28 et 29**).

Les gabarits sont donnés sans surplus de couture : rajoutez 1,5 cm pour le surplus, 2 cm pour les ourlets et 0,5 cm pour le surfilage simple.

Une fois piquée, ouvrez votre couture puis repassez-la afin de bien la marquer (fig. 2).

Comment surfiler ?

Il est nécessaire de surfiler afin d'éviter que le tissu ne s'effiloche. Le surfilage peut se faire avant ou après l'assemblage.

Pour un surfilage net et parfait, l'idéal est d'utiliser une surfileuse. Si vous n'en possédez pas, le point zigzag de votre machine à coudre suffira largement (fig. 1).

Pour éviter l'effilochage, vous pouvez également utiliser des ciseaux cranteurs pour la couture intérieure des doublures, pour préparer un ourlet, ou sur des tissus qui ne bougeront pas significativement, comme la polaire.

1

2
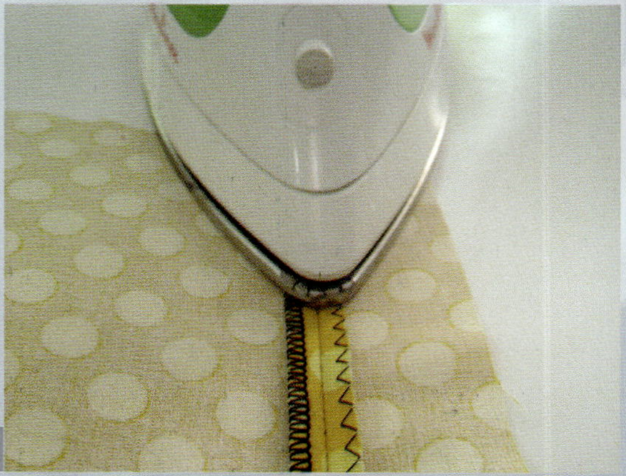

Les ourlets

Tous les ourlets des créations de ce livre sont réalisés en coutures apparentes.

C'est pourquoi il conviendra de choisir une couleur de fil proche de celle du tissu. Si cette couleur n'est pas identique, préférez un fil plus foncé à un fil plus clair.

Les gabarits sont donnés sans débord de couture. N'oubliez donc pas de rajouter 2 cm pour les ourlets avant de couper.

À 2 cm du bord, marquez votre tissu à la craie de tailleur. Repliez en deux sur l'envers, épinglez, puis repassez pour marquer le pli. Repliez une seconde fois sur l'envers (fig. 1).

Piquez à 2 mm du bord du repli, puis consolidez votre couture par un point arrière en début et en fin de couture.

Si vous avez choisi des tissus épais, l'ourlet sera disgracieux et difficile à réaliser au niveau de l'assemblage de vos tissus. Il vous faudra alors désépaissir comme indiqué fig. 2.

Parfois, le bord n'est pas droit, ce qui ne facilite pas la réalisation de l'ourlet. Dans ce cas, optez pour la pose d'un biais ou, si cela vous convient, surfilez et laissez les coutures apparentes.

1

2

Les biais

Le biais est un ruban découpé dans la diagonale du tissu par rapport au droit-fil. Cette découpe lui permet d'épouser les lignes courbes du tissu sans les déformer.

Choisissez la couleur de votre biais comme précédemment pour le fil de l'ourlet.

Pour le poser, surfilez votre tissu, posez votre biais à cheval sur celui-ci, épinglez (fig. 3) et enfin piquez (fig. 4). Laissez-le dépasser de 1 cm en fin de couture. Faites un rentré de 1 cm et piquez au point droit (fig. 5).

Pour poser votre biais sur un coin, épinglez-le sur un côté. À l'extrémité du coin, ouvrez les bords, repliez sur la diagonale et rabattez-le sur l'autre côté. Repassez pour bien marquer le pli, puis piquez (fig. 6).

4

5

3

6

Les boutonnières et les fermetures à glissière

Comment réaliser une boutonnière ?

Elle se coud dans le droit-fil du tissu.

La longueur de votre boutonnière est égale au diamètre de votre bouton plus son épaisseur.

Utilisez le pied spécial boutonnière de votre "MAC" et sélectionnez le point adéquat (fig. 1).

La boutonnière se coud souvent sur deux épaisseurs de tissu. Pour qu'elles ne glissent pas l'une sur l'autre, épinglez ces deux épaisseurs entre elles.

Marquez sur l'endroit de votre tissu l'emplacement de la boutonnière. Placez-vous sur l'une de ses extrémités et piquez (fig. 2).

Une fois votre boutonnière cousue, ouvrez-la avec des ciseaux à bout pointu (fig. 3) tels que les ciseaux à broder ou, si vous n'en avez pas, avec un découd-vite.

astuce

Pour éviter de couper malencontreusement au-delà de la boutonnière, placez une épingle à son extrémité afin que les ciseaux butent dessus en fin de découpe.

Comment poser une fermeture à glissière ?

Les fermetures à glissière utilisées dans ce livre sont toutes non séparables et mesurent 18 ou 20 cm.

Préparez la fente dans laquelle la fermeture sera insérée en marquant le pli au fer. Épinglez la fermeture fermée sur l'endroit, puis ouvrez-la et piquez sur l'endroit, d'un côté en descendant et de l'autre en remontant. Pensez à déplacer la glissière au fur et à mesure pour terminer votre couture.

Enfin, repliez les extrémités et fixez-les sur les bords (fig. 4).

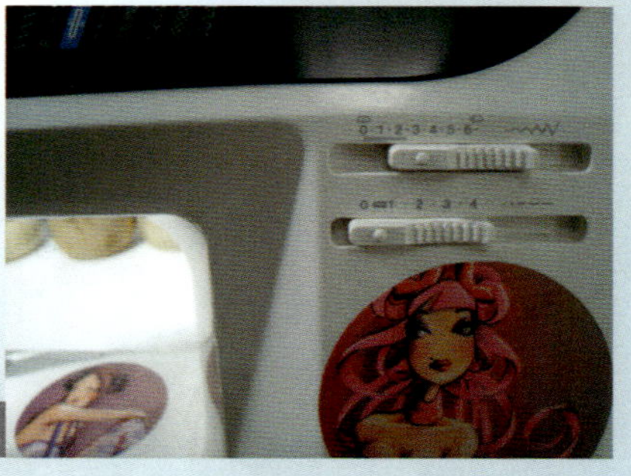
1

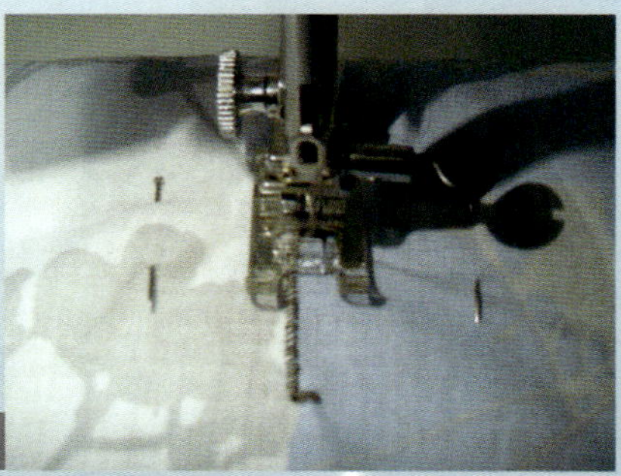
2

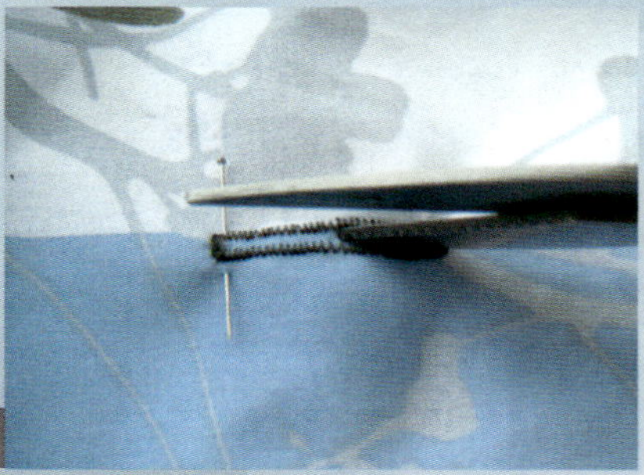
3

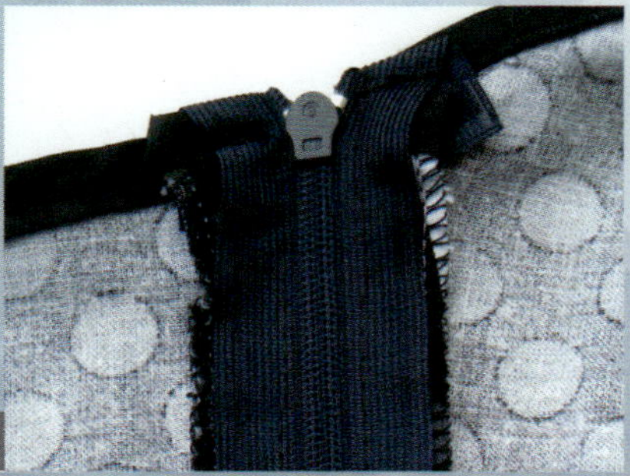
4

Les fronces

Rien de plus simple et du plus bel effet !

Il s'agit de passer un fil de fronce, puis de tirer dessus. Pour cela, préparez votre bande de tissu : surfilez-la et marquez son milieu.

Piquez au point droit à 1 cm du bord sans faire de point d'arrêt, en réglant la longueur du point au maximum. Laissez dépasser les fils. De chaque côté, tirez sur l'un des deux fils (fig. 1) jusqu'à ce que la bande de tissu se réduise à la taille voulue.

Répartissez les fronces symétriquement de part et d'autre du milieu que vous aviez repéré.

Normalement les fronces ne se défont pas. Mais, par précaution, vous pouvez nouer les fils entre eux.

Comment coudre le tissu froncé ?

Les tissus froncés de ce livre sont tous cousus sur du tissu non froncé. Pour cela, épinglez les deux pièces entre elles, endroit contre endroit, en faisant correspondre les milieux de chacune.

Piquez au point droit, tissu froncé au-dessus (fig. 2), à 1,5 cm afin que le fil de fronce ne se voie pas sur l'endroit (fig. 3).

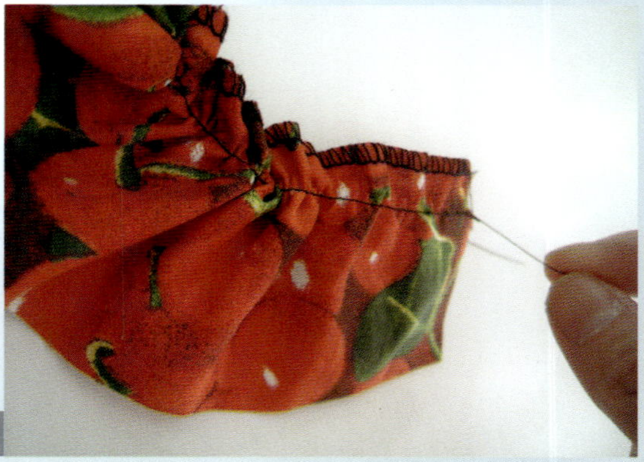

1

2

3

astuce

Si vous voulez assembler un tissu à fronces très serrées, passez deux fils de fronces. Ainsi, lors de l'assemblage avec le tissu non froncé, la couture sera facilitée si vous piquez entre les deux fils.

Les smocks

Pour commencer, préparez votre pièce de tissu à smocker. Multipliez par 1,5 la longueur finale désirée. Par exemple, si vous avez besoin de 40 cm de tissu smocké, découpez 60 cm.

Embobinez ensuite une canette de fil élastique (fig. 1), le fil supérieur de la "MAC" étant un fil normal.

Plus votre fil élastique sera tendu sur sa canette, plus vos smocks seront serrés. Si l'embobinage à la machine ne vous convient pas, il vous faudra le faire à la main.

Choisissez une grande longueur de point, puis piquez au point zigzag votre tissu sans faire de point d'arrêt. Faites autant de lignes de smocks que nécessaire, espacées de 1,5 cm (fig. 2). Certaines machines réalisent les smocks au fur et à mesure de la couture (fig. 3). D'autres ne le font pas, ce sera alors à vous de tirer sur les fils comme pour les fronces. La suite des conseils est la même que pour les fronces.

1

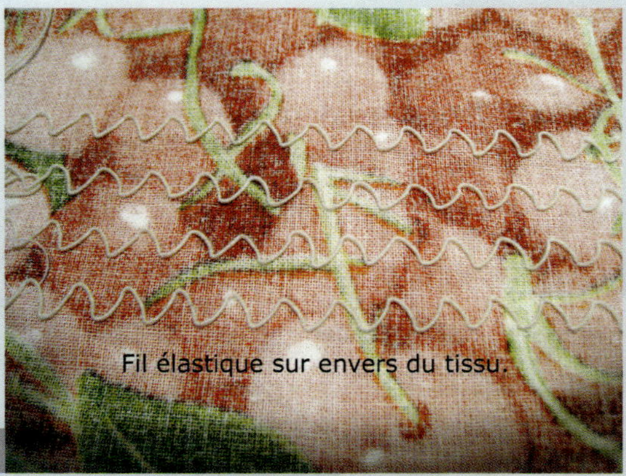

2

3

Les plis

Les plis permettent de donner du volume à un vêtement. Pour certains modèles de ce livre, vous aurez à réaliser des plis plats et des plis creux.

Le pli plat

Le pli plat est une pliure du tissu en trois parties. Il faut préparer vos plis avant de les piquer.

Installez-vous bien à plat sur une table. Sur l'endroit, épinglez votre tissu (verticalement et dans le sens du droit-fil) pour marquer vos repères.

Dans l'exemple proposé (fig. 1), les plis sont de 2 cm et distants de 3 cm. Ramenez toujours dans le même sens (si vous faites plusieurs plis) l'épingle A sur la B (fig. 2).

Dans cet exemple, il vous aura fallu 14 cm de tissu pour obtenir deux plis plats répartis sur 6 cm.

Le pli creux

Un pli creux est formé de deux plis plats qui se touchent (fig. 3). Quand vous retournez sur l'envers, vous observez deux plis plats qui s'opposent (fig. 4).

1

2

3

4

Les appliqués

Les appliqués permettent d'ajouter votre touche personnelle à vos créations. Ils sont, de plus, un moyen très ludique d'utiliser vos chutes de tissus.

Si vous dessinez bien, rien ne vous arrêtera ! Choisissez des modèles dont les contours ne comportent pas de découpes trop fines.

Si vous ne savez pas dessiner, pas de soucis : vous trouverez dans les pages techniques des gabarits d'appliqués pour vous lancer (**voir pages 101 à 114**).

1

conseil

Pour votre tissu, choisissez de préférence du coton pas trop fin, car si votre tissu n'a pas de tenue, le point zigzag va glisser.

Si vous utilisez néanmoins un tissu trop fin, il vous faudra le renforcer soit en le thermocollant sur l'envers avec de la Vlieseline® (fig. 1), soit en le doublant soit, si cela est encore insuffisant, en insérant un morceau de ouate plate entre les deux tissus (fig. 2).

2

astuce

Pour les appliqués de certains modèles qui ont besoin de volume et/ou de tenue, choisissez cette dernière option. Il vous faudra placer votre morceau de ouate plate entre les deux tissus disposés envers contre envers.

Les appliqués

COMMENT FAIRE ?

Pour les réaliser, rien de plus simple, il vous suffit d'utiliser le point zigzag de votre machine. Réglez la longueur du point au minimum pour obtenir un zigzag très serré (point bourdon).

Découpez votre gabarit et épinglez-le sur votre chute de tissu. Marquez le contour avec une craie de tailleur (tracez sur le côté entoilé si vous l'avez renforcé, fig. 3), retirez le gabarit (fig. 4). Piquez au point bourdon sur votre tracé (fig. 5). Lorsque vous arrivez à un angle et que le départ du point bourdon ne correspond plus à votre tracé, levez votre pied-de-biche et déplacez à la main le tissu afin de pouvoir repiquer l'aiguille au bon endroit.

Une fois tout le pourtour réalisé au point bourdon, découpez au plus près en faisant attention à ne pas défaire de point (fig. 6).

Votre appliqué est réalisé : épinglez-le sur votre vêtement et piquez-le au point droit.

astuce

Si vous évidez votre gabarit d'appliqué, il pourra également vous servir de pochoir pour l'utilisation de peinture sur tissus.

Vous en trouverez un exemple **page 83** (avec la salamandre).

4

5

3

6

La peinture sur tissu

La peinture sur tissu est un complément aux appliqués. En effet, lorsque le dessin comporte trop de détails, il est impossible de les réaliser au point bourdon.

COMMENT FAIRE ?

Utilisez uniquement de la peinture textile opaque (fig. 1). Armez-vous de patience et de pinceaux de différentes tailles.

Lavez votre tissu pour retirer son apprêt, puis repassez-le.

Ne diluez jamais votre peinture. Peignez d'abord l'intérieur de votre dessin puis, après séchage, réalisez le contour au pinceau très fin.

Laissez sécher le temps indiqué, puis repassez toute la surface peinte pendant 5 vraies minutes sans vapeur... votre peinture est fixée (fig. 2).

Et maintenant, "y a plus qu'à !"

conseil

Le blog de peinture sur tissus :
http://pinceauxaddict.canalblog.com

Vous y trouverez une mine de réalisations créées par les blogueuses qui ont succombé à cette technique. Plein d'astuces et d'idées pour vous encourager et ouvrir davantage votre univers créatif.

1

2

La peinture sur tissus

COMMENT FAIRE ?

1. Épinglez le modèle (page 111) sur votre tissu (fig. 1).

2. Dessinez le contour et les détails à la craie de tailleur (fig. 2).

3. Peignez l'intérieur (fig. 3). N'hésitez pas à repasser plusieurs couches de peinture pour rendre la couleur bien opaque. Laissez sécher puis, au pinceau très fin, peignez les contours (fig. 4).

Vous pouvez **voir page 53** ce qui a pu être réalisé avec cette peinture.

1

2

3

4

La customisation

La customisation est l'art de détourner un habit et de le transformer en y mettant une touche de votre personnalité.

C'est aussi un moyen à moindre frais de refaire votre garde-robe à partir de vos anciens vêtements.

Vous trouverez, dans ce livre, 5 idées de customisation à partir d'un tee-shirt. Seul impératif : celui-ci doit être en jersey (fig. 1). 5 pistes à explorer, 5 modèles totalement différents et pourtant tous les 5 sur la même base. Avec probablement bien d'autres possibilités encore ; à vous de les trouver...

Alors, envie de jouer à la magicienne ?

Abracadabra, sortez vos machines à coudre, affûtez vos ciseaux et vous verrez : vous allez vous épater !

astuce

Pour piquer un tissu élastique sur un tissu non élastique et afin d'éviter une distension du tissu élastique lors de la couture, posez toujours celui-ci sous le tissu non élastique avant de piquer.

Les 5 idées custo

Le tee-shirt étoiles **(pages 11 et 56)**

La tunique au flamand rose **(pages 14 et 58)**

La tunique de Heidi **(pages 16 et 61)**

La robe-tablier coquelicots **(pages 20 et 64)**

La robe hirondelle **(pages 23 et 67)**

Les hauts.
La tunique de Madame Butterfly

COMMENT FAIRE ?

1. Placez le gabarit A sur vos tissus posés endroit contre endroit.

Pour ajuster les mesures à votre taille, suivez les indications **page 30**.

Rajouter 1,5 cm au bord supérieur et à l'encolure si vous utilisez deux coupons de tissus, et 0,5 cm sur le bord arrondi. Découpez.

2. Si vous n'utilisez qu'un seul coupon de tissu, pliez votre tissu en deux dans le sens de la largeur, posez le bord droit du gabarit A sur la pliure de votre tissu. Rajoutez 1,5 cm sur le bord arrondi et l'encolure. Découpez.

3. Faites de même pour le gabarit B : rajoutez 1,5 cm à tous les bords.

COMMENT COUDRE LA TUNIQUE ?

4. Si vous utilisez un tissu à motifs, faites un ourlet à l'encolure, puis assemblez endroit contre endroit et piquez le bord droit.

Si vous utilisez un tissu uni, surfilez et ourlez l'encolure.

5. Au milieu de l'encolure et à 40 cm de sa perpendiculaire, marquez à la craie de tailleur l'emplacement des boutonnières qui mesureront 7 cm de long.

Pour calculer leur espacement, mesurez votre demi-tour de poitrine et reportez cette mesure + 4 cm.

Voir le gabarit de la tunique page 86 et de l'appliqué papillon page 101.

fournitures
(pour tailles 34 à 46)

- Utilisez du tissu de tenue moyenne (coton, lin) pour la tunique et la ceinture

Pour la tunique
- Si vous utilisez un tissu à motif, il vous faut 2 coupons de 90 x 130 cm (car sinon, les motifs se retrouveront à l'envers sur l'une des deux faces). Si vous utilisez un tissu uni, il vous faut un coupon de 180 x 130 cm
- Biais : 4 m 50

Pour la ceinture
- Une bande de tissu de 16 cm x (2 fois votre tour de taille + 80 cm)
- 2 rubans de même longueur que la ceinture

Pour les appliqués papillons
- Chute de tissus de 12 x 12 cm pour chaque papillon
- Ouate plate de même dimension

6. Cousez vos boutonnières (**voir la technique page 35**) en prenant les deux épaisseurs de tissus. Pour que vos tissus ne bougent pas, épinglez les deux épaisseurs de part et d'autre de la couture (fig. 1).

7. Surfilez puis posez un biais (**voir la technique page 34**) sur le bord arrondi.

8. Reportez à la craie de tailleur la ligne des manches indiquée sur le gabarit, puis piquez au point droit.

1

COMMENT COUDRE LA CEINTURE ?

9. Pliez votre tissu en deux dans le sens de la longueur.

Marquez le pli au fer à repasser. Piquez à 7 cm de la pliure du tissu, surfilez, puis retournez la ceinture (fig. 2). Repassez.

2

10. Pour que les deux faces de la ceinture ne glissent pas l'une sur l'autre, piquez vos rubans sur toute la longueur (fig. 3). Aux extrémités, faites un rentré de 2 cm en diagonale (fig. 4).

11. Passez la ceinture au travers des ouvertures aménagées par la boutonnière.

Vous pouvez la nouer selon vos envies sur l'avant ou au dos.

3

12. Réalisez trois appliqués papillons (**voir la technique page 39**) à l'aide du gabarit, en insérant un morceau de ouate plate entre deux chutes de tissus.

Piquez-les au gré de votre inspiration sur votre tunique !

Pour leur donner une apparence de mouvement d'envol, piquez uniquement le milieu du papillon sur la tunique, ainsi les ailes resteront libres.

Ça y est, vous êtes prête à vous envoler !

4

Le **kimono à manches pagodes**

fournitures
(pour tailles 34 à 46)

- Utilisez un tissu souple

Tissu pour les manches et le demi-buste :

- 4 coupons de 45 x 90 cm
  ou 2 coupons de 90 x 90 cm

Tissus pour le corset

- 2 coupons de 35 x 50 cm, 1 coupon de 35 x 100 cm et une chute de tissu de 35 x 40 cm
- Biais : 4 m 30
- Ruban ou sergé : 4 m

COMMENT FAIRE ?

1. Découpez les pièces A dans vos tissus.

Pour ajuster les mesures à votre taille, suivez les indications **page 30.**

Rajoutez 1,5 cm aux bords latéraux et 0,5 cm pour l'encolure et les poignets.

2. Faites de même pour les pièces B : rajoutez 1,5 à tous les bords, et 0,5 cm à la base.

Voir le gabarit page 87.

COMMENT MONTER LES MANCHES ?

1. Assemblez vos manches et ½ buste et piquez.

Avant de poser votre biais sur l'encolure, repérez sur l'avant la partie inférieure du cache-cœur. Laissez un surplus de biais d'une longueur égale à 2a + b + c + 2d + e, afin de pouvoir le poser sur toute la partie inférieure du kimono lorsque vous l'aurez assemblé plus tard. Piquez votre biais sur les deux encolures.

2. Au niveau de la poitrine, faites des fronces à 7 cm de la pointe intérieure et sur 12 cm de longueur (fig. 1).

3. Mesurez votre demi-tour sous poitrine (**voir page 30**). Juxtaposez les parties du dos pour obtenir la même mesure. Épinglez puis essayez… corrigez si besoin. Piquez à la base et le long du biais juxtaposé (fig. 2).

COMMENT MONTER LE CORSET ?

4. Découpez vos pièces B, C et D.

Laissez un surplus de couture de 1,5 cm sur tous les bords, sauf 0,5 cm sur les bases.

5. Assemblez toutes vos pièces en suivant l'ordre de montage indiqué sur le gabarit.

6. Piquez, et n'oubliez pas de laisser une ouverture d'1 cm sur le côté gauche pour passer les rubans intérieurs. Au même point, insérez les rubans extérieurs qui feront le tour du buste (fig. 3).

7. Assemblez les manches au buste en commençant par la partie dos. Pour la partie avant, essayez puis répartissez les fronces au niveau de la poitrine avant de piquer.

8. Réalisez un ourlet tout le long de la partie haute de la ceinture et sur le retour.

1

2

3

9. Piquez le biais laissé libre de la manche droite sur la partie buste, en n'oubliant pas d'insérer les rubans au même niveau que l'orifice réalisé en vis-à-vis, puis posez le biais sur toute la partie inférieure du kimono.

10. Réalisez une patte de maintien que vous piquerez à l'extrémité de la ceinture, puis insérez-y les rubans (fig. 4).

4

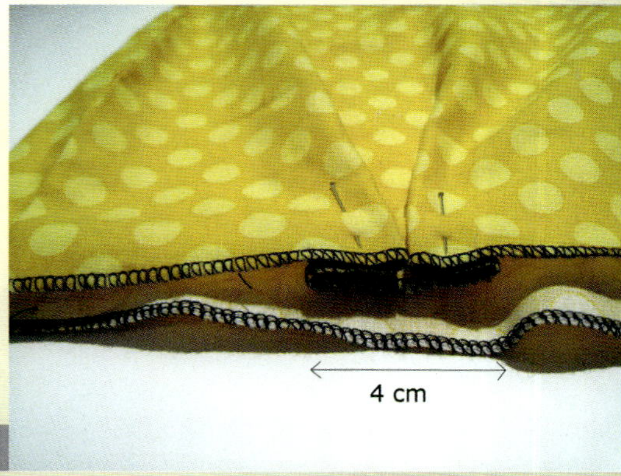

5

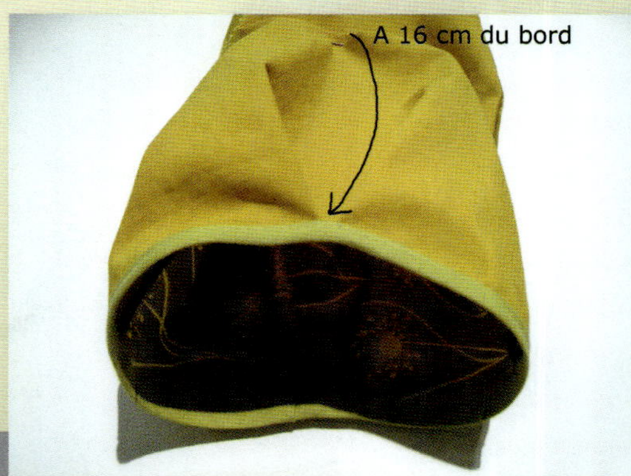

6

7

COMMENT RÉALISER LES MANCHES BALLONS ?

11. Repérez le milieu de chaque demi-manche. Réalisez un pli creux comme indiqué fig. 5. Fixez le pli en piquant au bord. Biaisez le tour de la manche.

12. Perpendiculairement à votre pli, pliez votre tissu à 16 cm du bord et ramenez-le vers le milieu de votre pli plat (fig. 6). Piquez sur 2 cm pour fixer. Lorsque vous portez votre kimono, le surplus de tissu intérieur risque de retomber sur votre main, ce qui est disgracieux. Faites un petit point à 15 cm pour le fixer à la manche qui, au final, sera semblable à la fig. 7.

Ça y est, et un kimono, un ! Pour être totalement kawaï cet été !

La **tunique aux hibiscus**

COMMENT FAIRE ?

1. Découpez toutes les pièces A et B du gabarit **page 88**.

Pour ajuster les mesures à votre taille, suivez les indications **page 30**.

Pour les pièces A et B, rajoutez 0,5 cm à l'encolure et à la base, et 1,5 cm à tous les autres bords.

2. Assemblez les pièces A et B, piquez les côtés et les épaules, puis surfilez tous les bords.

3. Posez votre biais sur l'encolure et la base de la tunique.

4. Au dos : à 8 cm de part et d'autre des extrémités de l'encolure, réalisez un pli plat de 2,5 cm sur une hauteur de 22 cm parallèlement aux emmanchures. Décalez la couture de 2 cm vers le bas (fig. 1).

COMMENT MONTER LES MANCHERONS ?

5. Découpez vos pièces C. Rajoutez 2 cm sur le plus grand des côtés et 1,5 cm sur tous les autres.

6. Assemblez endroit contre endroit chaque mancheron par son bord supérieur. Piquez et surfilez.

7. Réalisez un ourlet sur le bord le plus long.

Voir les gabarits de la tunique page 88 et des appliqués page 105.

fournitures
(pour tailles 34 à 46)

- Utilisez un tissu souple

Pour la tunique

- Pour tailles 34 à 40 : 2 coupons de 85 x 85 cm et 140 cm de biais
- Pour tailles 42 à 46 : 2 coupons de 95 x 95 cm et 160 cm de biais
- Ruban ou sergé pour la ceinture : tour de petites hanches + 180 cm

Pour les appliqués et la décoration

- Ruban de soie à broder : 150 cm
- Deux chutes de tissus de 20 x 20 cm pour un appliqué hibiscus
- Une chute de 15 x 15 cm pour le colibri
- Peinture textile

8. Assemblez les mancherons sur les emmanchures de la tunique (fig 2). Posez un biais sur l'espace laissé libre au bas de l'emmanchure, puis retournez-le vers l'intérieur (fig. 3).

9. Piquez puis surfilez les mancherons sur les emmanchures.

COMMENT RÉALISER LES APPLIQUÉS ?

10. Utilisez le gabarit page 105 selon la technique indiquée **page 39**.

11. Positionnez les hibiscus sur l'encolure, puis piquez au point droit (fig. 4).

12. Positionnez le colibri à la hauteur désirée pour la ceinture : il servira de passant. Piquez en aménageant une ouverture, afin de pouvoir y glisser le sergé (**comme indiqué sur la photo page 49**).

13. Terminez votre décoration en piquant le ruban de soie et en peignant de petites bulles de-ci de-là.

2

3

astuce

Vous pouvez tout aussi bien porter cette tunique devant-derrière, afin de varier les plaisirs.

1

4

Le cache épaule capucine

COMMENT FAIRE ?

1. Reportez votre gabarit sur vos tissus.

Pour ajuster les mesures à votre taille, suivez les indications **page 30**. Rajoutez 1,5 cm sur tous les bords. Découpez.

2. Posez le tissu extérieur sur celui de la doublure endroit contre endroit, piquez tous les bords sauf le côté intérieur.

3. Retournez sur l'endroit par le côté laissé libre. Repassez pour marquer les coutures.

4. Faites un rentré d'1,5 cm sur le dernier côté, piquez.

5. Essayez. Ajustez bien sur vos épaules et déterminez l'endroit d'insertion de la bande velcro (fig. 1). Piquez-la sur les deux faces (fig. 2).

6. Réalisez la capucine d'après la **page 52**. Cousez-la à la main, de façon à ce qu'elle cache la couture de la bande velcro.

7. N'oubliez pas de l'arroser régulièrement afin qu'elle ne fane jamais !

1

2

fournitures

- Utilisez un tissu raide pour avoir de la tenue
- Il vous faut deux coupons (un pour l'extérieur et un pour la doublure)
- Pour une taille S et M : 120 cm x 50 cm pour chaque coupon
- Pour une taille L et XL : 130 cm x 55 cm pour chaque coupon
- Une bande velcro de 10 cm (sa longueur doit être inférieure au plus grand diamètre de la capucine)

Une fleur nommée capucine

COMMENT FAIRE GERMER UNE CAPUCINE SUR VOS HABITS ?

1. Pliez vos carrés de tissu en quatre (fig. 1).

2. Découpez un arrondi (fig. 2). Pour réaliser les boutons de fleur de la tunique **page 58**, découpez non pas un arrondi, mais une forme de coeur.

3. Dépliez et superposez vos trois cercles endroit contre envers (fig. 3). Retournez sur l'envers, et pincez le milieu de telle sorte que vous soyez satisfaite de l'ondulé du tissu sur l'endroit (fig 4).

4. Piquez à 0,5 cm du centre. Retournez sur l'endroit et cousez à la main le bouton au centre de la fleur (fig 5). Agrémentez avec des rubans.

fournitures

- Utilisez un tissu souple qui ne s'effiloche pas trop (l'idéal serait d'utiliser de la feutrine ou de la polaire)
- Il vous faut trois chutes de tissus de 8 x 8 cm, 10 x 10 cm et 12 x 12 cm
- Un bouton
- Des rubans

1

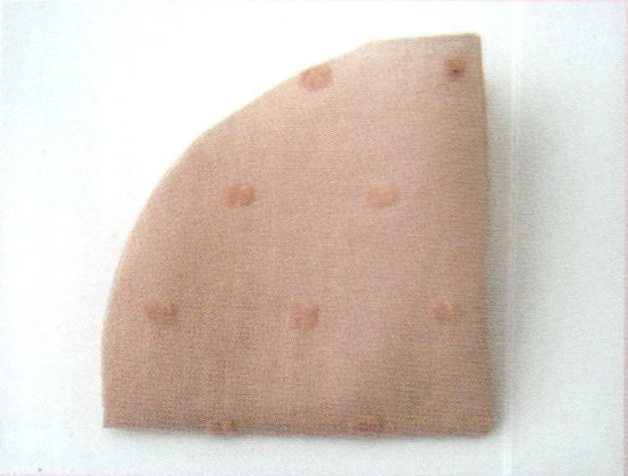

2

3

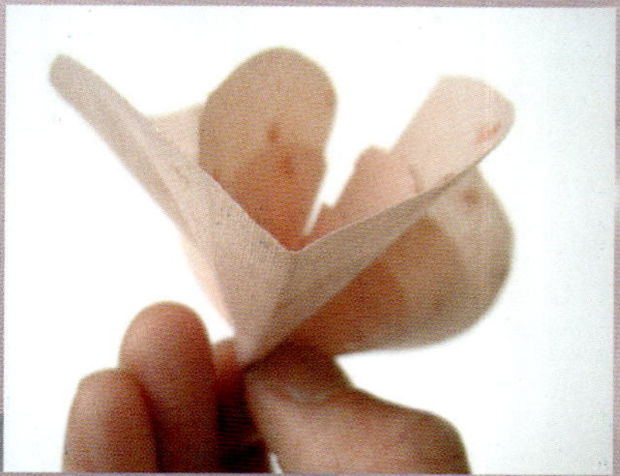

4

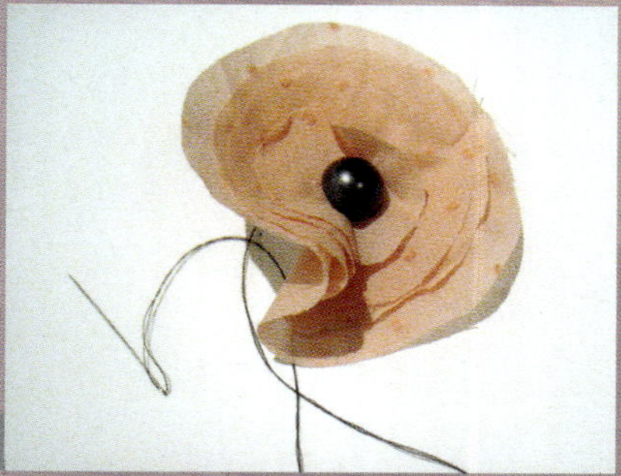

5

La capuche du Petit Chaperon rouge

PRÉPAREZ VOS GABARITS

1. Mesurez votre ½ tour de tête (**voir le schéma 1 page 54**). Mesurez votre carrure d'épaule (**voir les explications page 30**). Reportez les mesures trouvées sur vos gabarits, puis calculez les autres mesures.

Rajoutez 2 cm d'ourlet à tous les bords du gabarit A (sauf encolure) ainsi qu'au bord Z du gabarit B, et 1,5 cm partout ailleurs. Reportez les repères. Découpez.

fournitures
(pour tailles 34 à 46)

- Utilisez un tissu souple
- 2 coupons de tissu de 80 x 35 cm pour la base
- 4 coupons de 50 x 60 cm pour la capuche (deux pour la partie extérieure et deux pour la doublure)
- 20 cm de ruban
- Chutes de tissus pour la fleur (voir les explications **page 55**)

COMMENT ASSEMBLER LA BASE ?

2. Surfilez tous les bords. Assemblez vos deux pièces A. Sur le bord supérieur, de part et d'autre de l'encolure, piquez sur 3 cm, à 2 cm du bord. Ourlez les deux côtés sur l'avant et le dos (fig. 2).

3. Ourlez ou biaisez la base.

COMMENT COUDRE LA CAPUCHE ?

4. Assemblez vos deux pièces B. Piquez la doublure en commençant par le fond de la capuche. Faites de même pour la partie extérieure, mais au point repère « a » insérez le ruban.

5. Introduisez la doublure dans la partie extérieure, envers contre envers. Faites un rentré de 2 cm sur le bord Z. Piquez et surfilez.

6. Assemblez la capuche à la base. Commencez en juxtaposant le point repère « b » sur le milieu du dos de l'encolure. Piquez.

7. Pour de plus belles finitions, biaisez la couture intérieure de l'encolure (fig. 3).

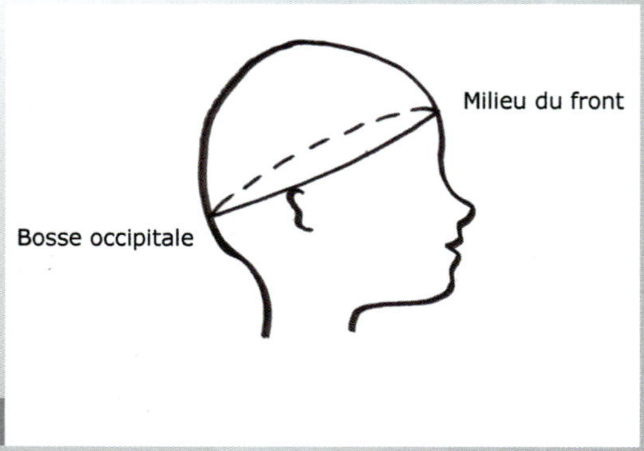

1

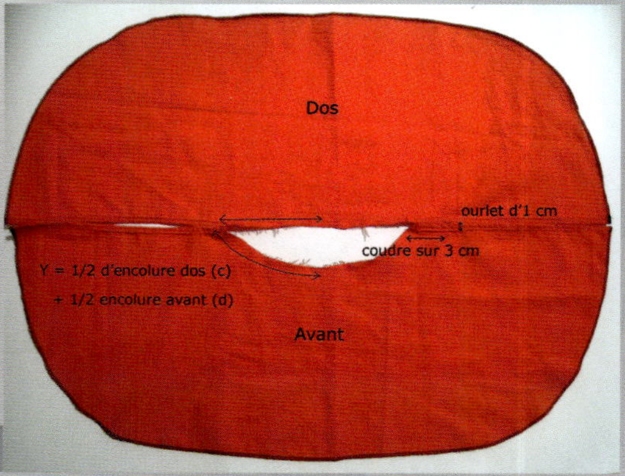

2

3

COMMENT FAIRE POUSSER UNE FLEUR ?

8. Réalisez votre peinture textile à l'aide du dessin proposé **page 111** et des explications **page 41**.

9. Entourez à la craie de tailleur la peinture sur tissu, d'un cercle ou d'un ovale de la grandeur désirée.

10. Mesurez la circonférence de l'ovale (C) et divisez par 6 (C/6 = D). D est la largeur d'un pétale, sa hauteur étant de 3 cm. Découpez 12 pétales, assemblez et piquez. Crantez les bords (fig. 4) avant de retourner les 6 pétales.

Repassez pour marquer la couture.

11. Disposez vos pétales régulièrement autour de l'ovale. Pour donner de la tenue au coeur de votre fleur, doublez votre tissu et ajoutez de la ouate plate (**voir les explications page 41**). Piquez au point de bourdon le long de l'ovale en veillant bien à insérer les pétales entre le tissu peint et la doublure, ainsi que l'autre extrémité du ruban (fig. 5).

12. Découpez le tissu excédent des deux côtés.

4

5

Les customisations.
Le **top étoiles**

COMMENT FAIRE ?

Le tee-shirt étoiles est réalisé à partir d'un tee-shirt existant (fig. 1). Reportez-vous à la **page 43** pour découvrir ce qu'est une customisation.

COMMENT MONTER LE COL ?

1. Terminez de tracer le gabarit A en y reportant l'arrondi du col de votre tee-shirt. Respectez bien les découpes devant et dos. Rajoutez 1,5 cm à tous les bords. Découpez.
2. Assemblez les bords latéraux de la partie extérieure puis de la doublure. Piquez et surfilez.

Voir les gabarits du col et des manches page 91 et de l'appliqué étoile page 103.

1

fournitures

- Un tee-shirt manches longues, ayant impérativement un large col (fig. 1)
- Du tissu à tenue moyenne pour le col et les manches

Pour le col

- 2 coupons de 50 x 120 cm (pour l'extérieur et la doublure). Attention au sens de l'imprimé, si besoin prenez 4 coupons de 50 x 60 cm

Pour les manches

- 2 coupons de 35 x 70 cm
- Du biais : environ 60 cm
- Trois chutes de tissu de 10 x 10 cm pour les appliqués étoiles

3. Introduisez la doublure dans la partie extérieure endroit contre endroit. Piquez le bord supérieur, surfilez et retournez votre travail sur l'endroit (fig. 2).

4. Assemblez le col au tee-shirt. Piquez à 1,5 cm et surfilez (fig 3).

COMMENT MONTER LES MANCHES ?

5. Essayez votre tee-shirt. Repérez l'endroit où vous désirez que vos manches se terminent. À 30 cm au-dessus, marquez votre tee-shirt à la craie de tailleur.

6. Coupez le surplus de manches (fig. 4). Posez à plat et mesurez votre nouvelle ouverture de manche.

Reportez cette mesure sur le gabarit B. Ajoutez 0,5 cm à la base et 1,5 cm aux autres bords. Découpez.

7. Assemblez vos manches par les bords latéraux, piquez et surfilez.

8. Froncez la base **(voir la technique page 36)** afin de réduire de moitié la circonférence. Surfilez. Posez votre biais. Défaites le fil de fronce s'il est apparent (fig. 5).

9. Assemblez les manches au tee-shirt en piquant à 1,5 cm. Surfilez.

10. Réalisez vos appliqués étoiles à l'aide du gabarit **page 103** et selon la technique **page 39**. Positionnez-les sur votre tee-shirt et piquez.

3

4

2

5

La tunique au flamand rose

COMMENT FAIRE ?

La tunique au flamand rose est réalisée à partir d'un tee-shirt existant. Reportez-vous à la **page 43** pour découvrir ce qu'est une customisation.

PRÉPAREZ VOTRE TEE-SHIRT ET VOS GABARITS

1. Prenez un tee-shirt à emmanchures américaines qui vous va bien. Portez-le et repérez à la craie de tailleur l'emplacement sous-poitrine (**voir les indications page 30**). Découpez horizontalement, en laissant un surplus de couture de 1,5 cm. Surfilez et mesurez votre demi-tour sous poitrine. Elle correspond à la mesure X.

2. Reportez la mesure X sur le gabarit et calculez les autres mesures.

Voir les gabarits de la tunique page 92, de la fleur capucine page 52, et de l'appliqué flamand rose page 107.

fournitures

- Un tee-shirt à emmanchures américaines impérativement en jersey
- Utilisez un tissu à tenue moyenne pour la partie basse :
  - Pour une taille S et M : 80 cm x 140 cm
  - Pour une taille L et XL : 90 cm x 140 cm
- Ruban de mesure égale à (Z + Z') - 20 cm pour froncer le bas de la tunique
- Ruban de 40 cm pour décorer la fleur de l'encolure
- Galon en broderie anglaise de 130 cm
- Une bande velcro de 10 cm

1

2

COMMENT COUDRE LA PARTIE BASSE DE LA TUNIQUE ?

3. Posez vos gabarits A et B sur vos tissus, rajoutez 2 cm d'ourlet sur les bords Z et Z', et 1,5 cm sur tous les autres bords. Découpez, puis surfilez les bases.

4. Sur la pièce de tissu B, repérez le milieu et réalisez 6 lignes de smocks à 2 cm du bord, espacées de 1,5 cm (**voir les explications page 37**).

5. Piquez et surfilez les côtés latéraux des pièces A et B (fig. 1). Sur un côté, au niveau de la base, arrêtez de piquer sur 2 cm avant la fin.

6. Réalisez un ourlet sur la base (**voir les explications page 33**).

7. Passez votre ruban de fronçage dans l'ourlet à l'aide d'une épingle à nourrice (fig. 2).

8. Réalisez deux boutons de capucine de 4 cm de diamètre **(voir les explications page 52).** Coupez le centre (fig. 3). Enfilez-les dans les rubans et piquez à la base des fleurs pour les fixer (fig. 4).

9. Réalisez un appliqué flamand rose d'après le **gabarit page 107** et la technique **page 39**.

3

4

10. Épinglez le haut du tee-shirt et le bas de la tunique endroit contre endroit.

11. Essayez et repérez sur vous les emplacements du galon de part et d'autre de la poitrine (fig. 5). Épinglez-les et piquez à 1,5 cm en commençant par l'avant. Pour la partie dos, repérez le milieu de la mesure Y du gabarit B, ainsi que celui de votre tee-shirt. Épinglez les deux parties dos entre elles, en veillant à superposer les repères " milieu ", et répartissez régulièrement vos smocks. Surfilez.

12. Essayez à nouveau. Ajustez le galon au galbe de votre poitrine et épinglez aux épaules.

Retirez la tunique et finissez d'épingler le galon aux emmanchures (fig. 6). Piquez à partir des épaules et sur toute la longueur du galon dans le dos.

13. Réalisez une grosse fleur capucine de 12 cm de diamètre. Cousez-la sur l'encolure, en fixant auparavant le ruban plié en deux (fig. 7).

5

6

7

L'appliqué flamand rose

COMMENT FAIRE ?

1. Suivez les explications sur la réalisation des appliqués **page 39**.
2. Dessinez à la craie de tailleur le contour de vos gabarits (corps, bec et patte) sur vos tissus.
3. Piquez au point bourdon le contour et le détail de l'aile, du pied palmé et de la découpe du bec.
4. Découpez (fig. 1). Assemblez les trois pièces et piquez au point droit les endroits où les pièces se chevauchent (fig. 2).
5. Une fois votre appliqué flamand rose piqué sur la tunique, réalisez les yeux avec un bouton, une paillette et une perle (fig. 3).

Voir le gabarit de l'appliqué flamand rose page 107.

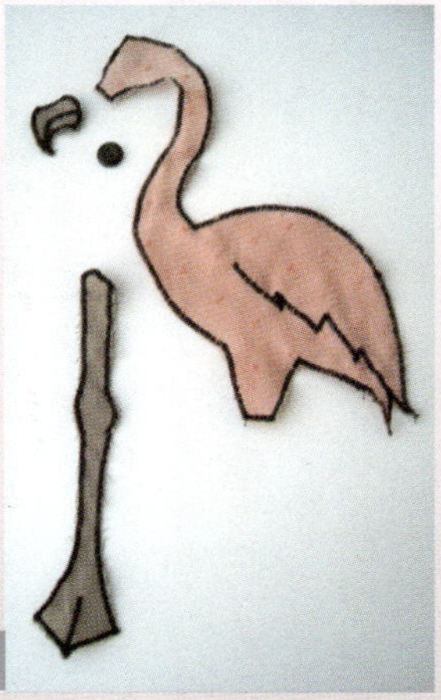

1

2

3

fournitures

- Une chute de tissu pour le corps du flamand rose de 18 x 25 cm
- Une chute de tissu pour le bec et la patte de 15 x 20 cm
- Prévoyez d'entoiler vos tissus s'ils sont trop fins

La tunique de Heidi

COMMENT FAIRE ?

La tunique de Heidi est réalisée à partir d'un tee-shirt existant. Reportez-vous à la **page 43** pour découvrir ce qu'est une customisation.

PRÉPAREZ VOTRE TEE-SHIRT ET VOS GABARITS

1. Prenez un tee-shirt sans manche qui vous va bien. Portez-le et repérez à la craie de tailleur l'emplacement sous poitrine (**voir les indications page 30**). Mesurez votre demi-tour sous-poitrine, il correspond à la mesure X.
2. Reportez la mesure X sur le gabarit, puis calculez les autres mesures.

COMMENT COUDRE LA PARTIE BASSE DE LA TUNIQUE ?

3. Reportez le gabarit A sur vos tissus. Rajoutez 1,5 cm de débord de couture sur le bord cd, et 2 cm d'ourlet sur les autres bords. Découpez, puis surfilez.
4. Assemblez les deux pièces A par le côté cd, puis piquez.
5. Ourlez les autres bords.

Voir les gabarits de la tunique page 93 et de l'appliqué fleur page 108.

fournitures

- Un tee-shirt sans manches impérativement en jersey

Utilisez un tissu souple pour la partie basse

- Pour une taille S et M : 2 coupons de 55 cm x 85 cm
- Pour une taille L et XL : 2 coupons de 55 cm x 90 cm

Un tissu fin avec de la tenue pour la ceinture, les mancherons et le plastron

- Ceinture : un coupon de 15 x (tour de sous-poitrine + 15 cm)
- Mancherons : deux coupons de 15 x 50 cm
- Plastron : un coupon de 25 x 25 cm

Chutes de tissu pour les appliqués fleurs

- 3 boutons

COMMENT COUDRE LA CEINTURE ?

6. Reportez le gabarit B sur votre coupon plié en deux, envers contre envers, puis rajoutez 1,5 cm à tous les bords. Faites un rentré de 1,5 cm sur les côtés, puis piquez à 2 mm du bord sur l'endroit.

7. Épinglez le bord ef de la ceinture sur le bord ada' de la partie basse, envers contre endroit. Faites bien attention à juxtaposer le repère e à 10 cm du repère a' (**voir le gabarit page 93**). Normalement, le repère f se retrouvera à 20 cm du repère a. Piquez les bords supérieurs (fig. 1).

8. Assemblez votre partie basse + ceinture au tee-shirt. Piquez les bords supérieurs au tee-shirt uniquement sur l'avant.

9. À l'extrémité de la ceinture côté dos, repérez l'emplacement de la boutonnière. Réalisez vos appliqués fleurs (**voir les explications page 65**). Juxtaposez le coeur et les pétales sur la ceinture, puis réalisez une boutonnière au centre (fig. 2).

10. Essayez et ajustez le pan au dos. Normalement, la ceinture est trop longue et elle revient sur l'avant. Marquez l'emplacement du bouton sur la ceinture côté avant (fig. 1) et cousez-le (fig. 3).

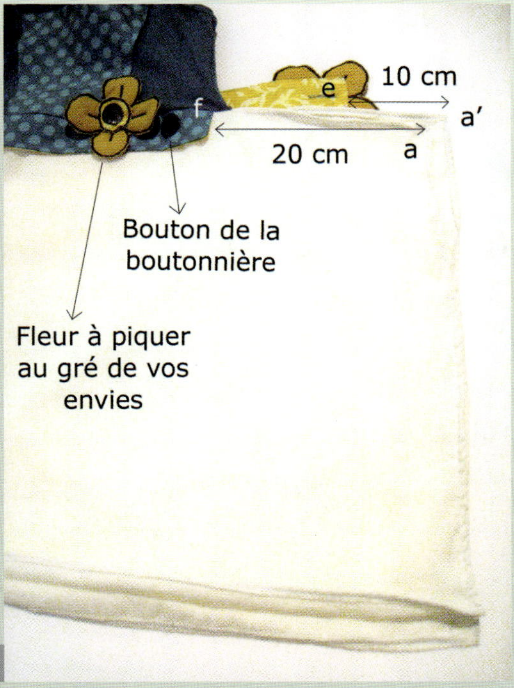

1

2

3

COMMENT COUDRE LE PLASTRON ?

11. Essayez la tunique, mesurez la longueur W du plastron au niveau de l'encolure et sa hauteur Y. Reportez la valeur W sur le gabarit C et calculez la mesure Z. Rajoutez 2 cm, découpez et ourlez tous les bords.

12. Piquez uniquement les bords gh et ij du plastron sur la tunique. Laissez libres les bords latéraux afin de garder de l'aisance au niveau de la poitrine.

COMMENT COUDRE LES MANCHERONS ?

13. Reportez le gabarit D sur vos tissus. Rajoutez 2 cm aux côtés et sur le bord supérieur. Ourlez. Piquez et surfilez la base (fig. 4).

14. Froncez le côté de 45 cm (**voir la technique page 36**) pour le ramener à 30 cm (fig. 5).

15. Piquez chaque mancheron sur les bretelles (fig. 6).

LES FINITIONS

16. Piquez les deux appliqués fleurs restant sur la tunique au gré de vos envies. Cousez les boutons par-dessus en finition supprimer la référence à la fig 1.

17. Pour l'effet flou des pans, ramenez le coin a sur le coin b', puis faites un point pour fixer les pans entre eux. Faites de même avec les coins a' et b (fig. 4). Lors de l'essayage, arrangez le tombé des pans.

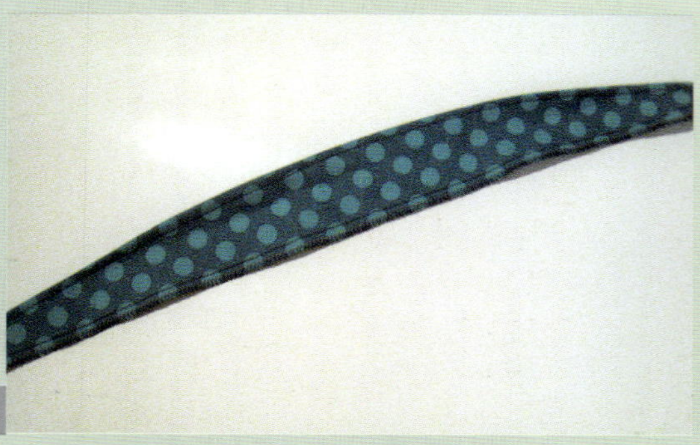

4

5

6

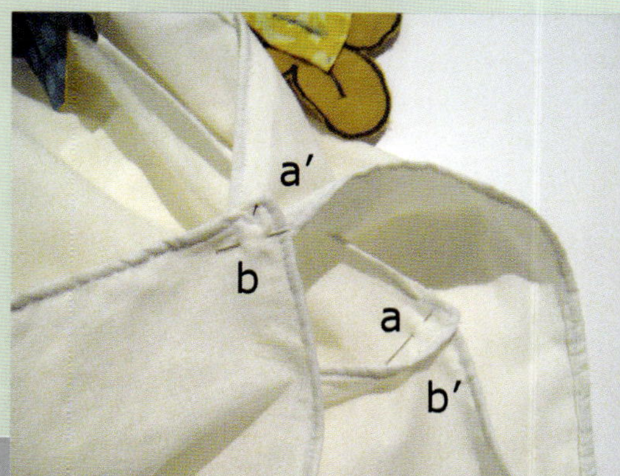

7

COMMENT FAIRE ?

1. Suivez les explications sur la réalisation des appliqués **page 39**.

2. Dessinez à la craie de tailleur les contours de vos gabarits (3 pétales et 3 cœurs) sur vos tissus.

3. Superposez dans l'ordre un morceau de tissu, de ouate plate et de tissu. Piquez au point bourdon le contour et le détail des pétales ainsi que les coeurs, puis découpez (fig. 1).

4. Assemblez un cœur sur ses pétales (fig. 2) en piquant son contour au point droit. Cousez enfin votre fleur à l'aide du bouton sur votre tunique (fig. 3).

Voir le gabarit de l'appliqué fleur page 108.

fournitures

- Six chutes de tissu pour les pétales de la fleur de 15 x 15 cm
- Six chutes de tissu pour le coeur de la fleur de 10 x 10 cm
- Trois morceaux de ouate plate pour les pétales de 15 x 15 cm
- Trois morceaux de ouate plate pour les cœurs de 10 x 10 cm

1

2

3

La **robe-tablier coquelicots**

COMMENT FAIRE ?

La robe-tablier aux coquelicots est réalisée à partir d'un tee-shirt existant. Reportez-vous à la **page 43** pour découvrir ce qu'est une customisation.

PRÉPAREZ VOS GABARITS

1. Mesurez X votre demi-tour de taille (**voir les indications page 30**), puis calculez les autres mesures.

Attention : avant de couper vos tissus, assurez-vous que la hauteur af correspond bien à votre morphologie. Pour cela, mesurez comme indiqué sur le schéma 1.

2. Prenez un tee-shirt en jersey. Portez-le et repérez à la craie de tailleur la hauteur a (schéma 1).

Voir les gabarits de la partie tablier page 94 et de l'appliqué coquelicot page 109.

fournitures

- Un tee-shirt sans manche ou manches courtes en jersey dans lequel vous vous sentez bien
- Pour la partie tablier, utilisez un tissu souple
- Pour toutes les tailles, prévoyez 140 cm x 220 cm
- Biais d'environ 4 m 50
- Chute de tissus et feutrine pour les appliqués coquelicots (**voir les explications page 68**)

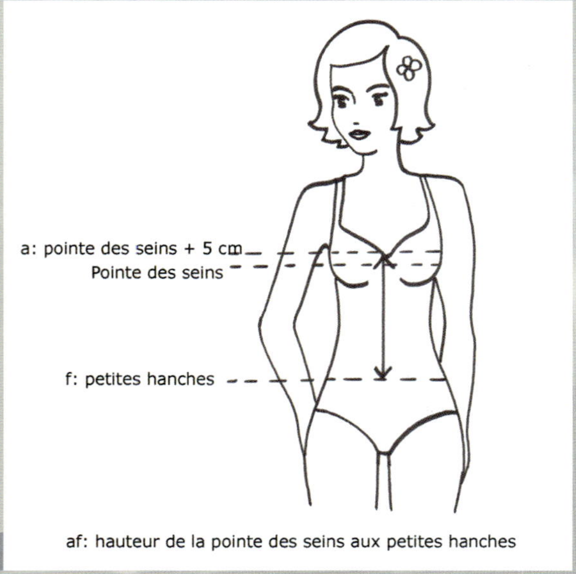

1

COMMENT COUDRE LA ROBE-TABLIER COQUELICOTS ?

3. Posez le gabarit sur votre tissu, rajoutez 0,5 cm sur les bords ab ac de. Rajoutez 1,5 cm sur le bord cd. Découpez deux fois.

4. Surfilez les bords ab ac de.

5. Assemblez l'avant et l'arrière du tablier en piquant les côtés latéraux cd. Surfilez.

6. Posez un biais sur les bords ab devant et dos, les emmanchures et la base (fig. 1, page 66 et fig. 2).

7. Créez vos appliqués coquelicots (**voir les explications page 68**).

Avant de les piquer sur le tablier, tracez à la craie de tailleur les tiges. Piquez par-dessus au point bourdon, et piquez au point droit vos coquelicots (fig. 3).

8. Essayez votre tee-shirt. Au repère a (fig. 1, page 66), piquez parallèlement la partie ab du tablier. Faites de même pour le dos.

9. À 15 cm du bas au repère g, repliez le tissu sur l'envers en remontant (g étant le milieu du pli). Piquez à 14 cm au-dessus du repère g les deux épaisseurs de tissu pour les fixer.

À 20 cm du haut au repère h, faites un pli de 5 cm de hauteur (h étant le milieu du pli), puis piquez le point i sur j, en laissant sur l'endroit le surplus de tissu (fig 5).

2

3

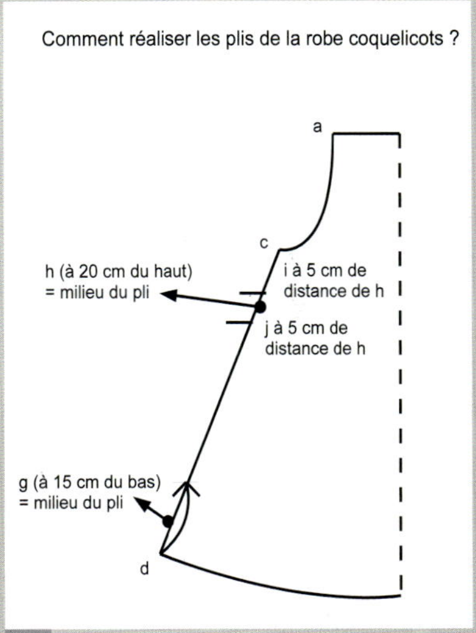

4

5

L'appliqué coquelicot

COMMENT FAIRE ?

1. Suivez les explications sur la réalisation des appliqués **page 39**.
2. Dessinez, à la craie de tailleur, les contours de vos gabarits (4 pétales et leurs pistils) sur vos tissus.
3. Piquez au point bourdon le contour, puis découpez (fig. 1).
4. Assemblez les trois pétales principaux et piquez au point droit les parties communes (fig. 2 vu sur l'envers).
5. Avant de piquer le dernier pétale, positionnez le pistil, puis piquez. Placez le dernier pétale de telle sorte qu'il cache la base des trois autres pétales. Piquez (fig. 3 vu sur l'endroit et fig. 4 vu sur l'envers).

Voir le gabarit de l'appliqué coquelicot page 109.

fournitures

- Une chute de tissu pour les quatre pétales de 26 x 26 cm
- Un morceau de feutrine pour les pistils de 6 x 6 cm

2

3

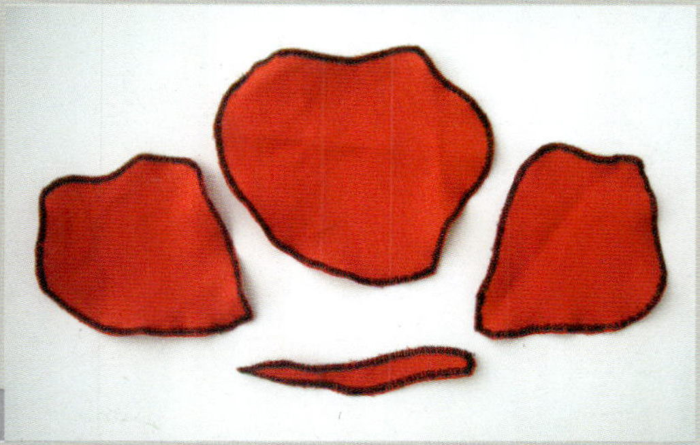

1

4

La robe hirondelle

PRÉPAREZ VOS GABARITS

1. Mesurez X votre tour de petites hanches (**voir les indications page 30**), puis calculez les autres mesures.

Attention : cette mesure correspond à un enfilage de la robe par le haut. Si vous préférez l'enfiler par les jambes, il faut mesurer votre tour de grandes hanches, mais la robe sera moins bien proportionnée.

2. Essayez votre tee-shirt et marquez à la craie de tailleur l'emplacement de vos petites hanches. Ajoutez 1,5 cm de surplus de couture. Coupez parallèlement (fig. 1).

Marquez le milieu avant.

Voir les gabarits de la partie basse de la robe page 95 et de l'appliqué hirondelle page 104.

fournitures

- Un tee-shirt en jersey qui descend jusqu'aux hanches
- Utilisez un tissu souple pour un tombé fluide
- Pour les tailles du 36 au 46 :
  - Il vous faut 80 x 200 cm de tissu pour la partie jupe
  - Et 13 x 150 cm de tissu pour le tissu froncé à l'épaule
- 4 fleurs en crochet de tailles différentes ou, à défaut, faites des capucines comme indiqué **page 52**

1

COMMENT COUDRE LA ROBE DRAPÉE ?

3. Rajoutez à votre gabarit 2 cm d'ourlet sur tous les bords, sauf celui correspondant à X ; ou alors, surfilez sans faire d'ourlet et, dans ce cas, rajoutez 0,5 cm. Découpez, surfilez et/ou ourlez.

4. Reportez le repère a sur votre pièce de tissu. Assemblez la partie basse de la robe au tee-shirt, en juxtaposant le repère a au milieu avant du tee-shirt. Piquez et surfilez jusqu'au milieu du dos.

5. Retournez votre ouvrage sur l'endroit et essayez-le. Il vous faudra de l'aide pour épingler les deux pans entre eux en suivant votre cambrure, jusqu'à mi-hauteur des fesses (fig. 2). Piquez au point droit selon le tracé.

COMMENT FAIRE LE PLI ?

6. Essayez la robe et repérez l'endroit où vous désirez faire le pli. À 16 cm au-dessus de la base, faites un pli de 7 cm de profondeur vers le bas. Piquez pour fixer (fig. 3).

7. Réalisez l'appliqué hirondelle, cousez une paillette pour l'œil et piquez par-dessus le pli pour cacher la couture.

2

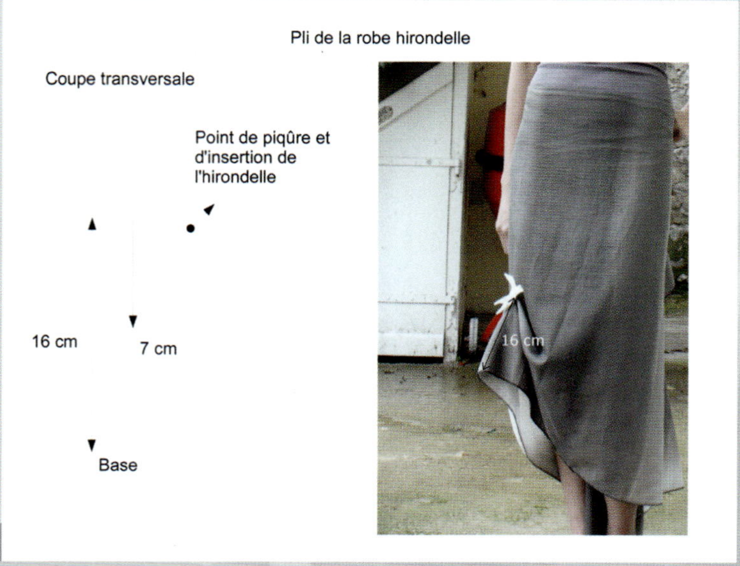

3

COMMENT CUSTOMISER LE DÉCOLLETÉ ?

8. Réalisez 4 fleurs en crochet de tailles différentes. Si vous ne savez pas crocheter, demandez à une amie très sympa de vous les faire. Un grand merci à MiliezeBomb pour son talent de crocheteuse (**voir le carnet d'adresses page 117**).

9. Répartissez les fleurs en crochet le long d'une bretelle ainsi que sur le décolleté, puis piquez-les au tee-shirt (fig. 4).

10. Prenez la bande de tissu de 13 x 150 cm, laissez les bords à cru et froncez-la sur sa longueur. Elle doit se réduire à 50 cm (fig. 5). Ourlez les extrémités. Épinglez la bande le long de l'autre bretelle en répartissant les fronces harmonieusement avant de la piquer (fig. 6).

4

5

6

Les bas.
La **jupe asymétrique**

PRÉPAREZ VOS GABARITS

1. Posez votre gabarit A sur votre tissu plié en deux, endroit contre endroit.

Pour ajuster les mesures à votre taille, suivez les indications **page 30**.

Rajoutez 1,5 cm aux bords latéraux et 0,5 cm pour la taille et la base. Découpez.

2. Pour les gabarits B et C, rajoutez 1,5 cm au bord latéral et 0,5 cm sur les autres bords. Découpez (fig. 1, **page 73**).

fournitures

- Utilisez un tissu avec de la tenue
- Tissu pour la jupe (50 cm x 160 cm)
- Tissu pour le pan (55 cm x 50 cm)
- Biais de couleur coordonnée (3 m pour un 36 ; rajoutez 15 cm par taille)
- Une fermeture à glissière de 20 cm

Voir le gabarit page 96.

COMMENT FAIRE ?

3. Surfilez toutes les pièces.

4. Assemblez endroit contre endroit les pièces A et B. Piquez le côté sans pan (fig. 1).

5. Assemblez le côté opposé en rajoutant le pan C aux pièces A et B. Avant de piquer, posez et cousez votre biais sur la base de la pièce B sur environ 5 cm (fig. 2).

Piquez en laissant une fente de 18 cm pour l'insertion de la fermeture à glissière.

6. Posez votre biais (**voir les explications page 34**) en reprenant à partir de la pièce B. Suivez le long de la base et remontez sur le pan (fig. 3).

7. Faites de même pour le tour de taille.

8. Posez la fermeture à glissière (**voir les explications page 35**).

9. Piquez le pan sur la jupe sur environ 5 cm afin qu'il n'alourdisse pas la ceinture, une fois la jupe portée.

1

2

3

La **jupe du toucan**

Grâce à sa ceinture en tissu extensible, vous pourrez porter cette jupe également en robe.

PRÉPAREZ VOS GABARITS

1. Mesurez votre demi-tour de taille (**voir les indications page 30**) et calculez les autres mesures.

Attention : assurez-vous que la mesure W soit supérieure à votre demi-tour de grandes hanches.

Rajoutez 2 cm d'ourlet à la base de la pièce F et 1,5 cm de surplus de couture à tous les autres bords. Découpez (fig. 1, **page 75**).

Voir les gabarits de la jupe page 97 et de l'appliqué toucan page 112.

fournitures

- Utilisez un tissu extensible pour la ceinture, et non extensible pour les volants
- Tailles 34 à 40/tailles 42 à 46
- Ceinture : 40 x 35 cm/50 x 35 cm
- Volant D : 55 x 20 cm/60 x 20 cm
- Volant E : 65 x 25 cm/75 x 20 cm
- Volant F : 85 x 25 cm/95 x 20 cm
- Chutes de tissu pour l'appliqué toucan (**voir les explications page 76**)

COMMENT COUDRE LA CEINTURE ?

2. Assemblez les deux pièces C. Piquez les côtés. Surfilez.
3. Repliez la ceinture en deux, envers contre envers.

COMMENT COUDRE LES VOLANTS D, E ET F ?

4. Faites de même qu'au point 2 pour les pièces D, E et F.
5. Froncez (**voir les explications page 36**) les bords supérieurs de chaque volant (fig. 2), jusqu'à réduire à la mesure X pour la pièce D, W pour la pièce E, et Y pour la pièce F.
6. Assemblez le bord supérieur du volant D sur la base de la ceinture (pour cela, il faudra tendre le tissu extensible). Répartissez les fronces, piquez et surfilez. Faites de même en piquant le bord supérieur du volant E sur la base du volant D, et ainsi de suite (fig. 3).
7. Finissez en ourlant la base du volant F ou bien surfilez simplement.

1

2

3

L'appliqué toucan

Voir le gabarit de l'appliqué toucan page 112.

COMMENT FAIRE ?

1. Suivez les explications sur la réalisation des appliqués **page 39**.
2. Dessinez à la craie de tailleur les contours de vos gabarits sur vos tissus. Piquez-les au point bourdon, puis découpez (fig. 1).
3. Assemblez toutes les parties entre elles, puis piquez au point droit les parties communes (fig. 2).
4. Peignez l'œil à la peinture textile (fig. 3) ou bien cousez un bouton.

fournitures pour 1 toucan

- 3 chutes de tissu 15 x 25 cm pour le corps, de 10 x 15 cm pour la tête et de 13 x 13 cm pour le bec et les pattes
- De la peinture textile ou un bouton à coudre pour l'oeil

1

2

3

La **jupe aux libellules**

PRÉPAREZ VOS GABARITS

1. Mesurez votre demi-tour de taille, puis calculez les autres mesures. Attention, si vous avez une taille marquée, rajoutez 2 cm au 1/2 tour de taille pour un meilleur seyant. La jupe sera alors portée taille basse. Ajoutez 2 cm d'ourlet aux bords X et 1,5 cm de surplus de couture à tous les autres bords. Découpez.

COMMENT COUDRE LA CEINTURE ?

2. Assemblez votre ceinture en piquant le côté gauche de vos 2 pièces A, puis surfilez.

3. Ourlez le bord X.

4. Piquez le côté droit sur 2 cm à partir de la base, puis insérez la fermeture à glissière **(voir les explications page 35)** (fig. 2 p 78).

COMMENT COUDRE LE JUPON ?

5. Assemblez vos deux pièces B en piquant les côtés, puis surfilez. Ourlez la base. Laissez de côté en attendant de coudre la partie extérieure.

Voir les gabarits de la jupe page 98 et de l'appliqué libellule page 102.

fournitures

- Utilisez un tissu souple comme du voile de coton
- Tailles 34 à 40/tailles 42 à 46
- Tissu pour la ceinture : 25 x 110 cm/ 25 x 130 cm
- Tissu pour le jupon : 30 x 140 cm/ 30 x 150 cm
- Tissu pour l'extérieur : 55 x 300 cm/ 55 x 380 cm
- Sergé : 270 cm
- Une fermeture à glissière de 20 cm

COMMENT COUDRE LA PARTIE EXTÉRIEURE ?

6. Assemblez les 8 pièces C par les côtés, piquez et surfilez. 4 pièces composent l'avant de la jupe (fig. 1), les 4 autres composent l'arrière. Faites un ourlet sur toute la base.

7. Sur chaque couture à 10 cm au-dessus de la base, plissez aléatoirement votre tissu sur l'horizontal en réduisant 8 cm à 2 cm. Épinglez et piquez sur l'endroit (fig. 2).

8. Préparez le sergé en coupant 8 longueurs de 33 cm. Ourlez chaque extrémité sur 1,5 cm.

9. Sur l'envers, au repère « a » du plissage, piquez une extrémité du sergé. Piquez l'autre extrémité au point « b », point de rencontre des coutures (fig. 3). Répétez 7 fois l'opération, puis retournez sur l'endroit.

10. Superposez le jupon à la jupe extérieure, endroit contre envers. Épinglez les bords supérieurs entre eux. Bâtissez. Vous obtenez la partie basse de la jupe.

11. Assemblez la ceinture à la partie basse. Piquez et surfilez.

12. Réalisez vos appliqués libellules (**voir les explications page 39 et le gabarit page 102**), puis piquez-les au gré de votre inspiration sur la ceinture.

1

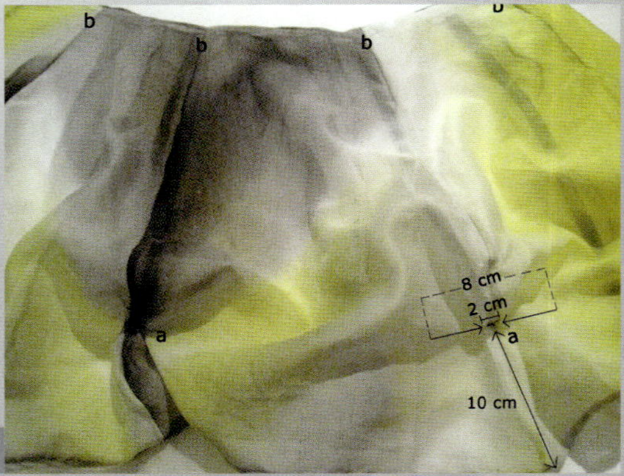

2

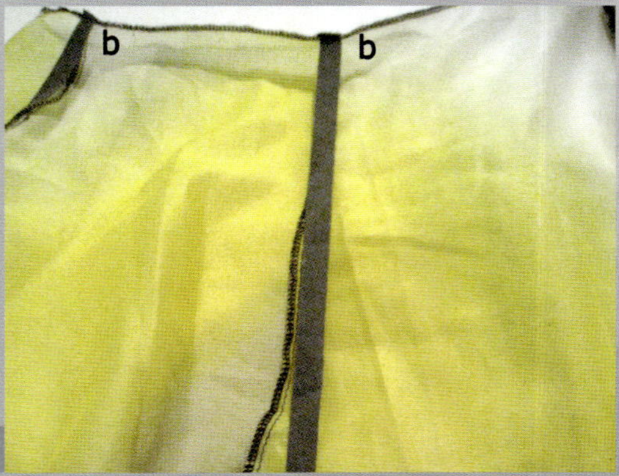

3

La **jupe à plis**

PRÉPAREZ VOS GABARITS

1. Mesurez votre demi-tour de taille X (**voir les indications page 30**). Attention, si vous avez une taille marquée, rajoutez 2 cm pour un meilleur seyant. Reportez la mesure X sur le gabarit A et calculez les autres mesures.

2. Rajoutez 2 cm d'ourlet aux bases des gabarits A et B ainsi qu'à la mesure X du gabarit A. Rajoutez 1,5 cm de débord de couture aux autres bords. Découpez.

Voir le gabarit page 99 et l'appliqué ciseaux page 103.

fournitures

- Utilisez un tissu avec de la tenue
- Tailles 34 à 40/tailles 42 à 46
  (à replier dans le sens de la largeur) :
  - Pour la ceinture :
    45 x 110 cm/45 x 130 cm
  - Pour la partie plissée :
    100 x 80 cm/100 x 90 cm
- Une fermeture à glissière de 18 cm
- Une chute de tissu pour l'appliqué ciseaux

COMMENT COUDRE LA CEINTURE ?

3. Assemblez votre ceinture en piquant le côté gauche de vos deux pièces A, puis surfilez.

4. Ourlez le bord X.

5. Piquez le côté droit sur 2 cm à partir de la base, puis insérez la fermeture à glissière (**voir les explications page 35**) (fig. 1).

COMMENT COUDRE LA PARTIE BASSE DE LA JUPE ?

6. Au point E de vos pièces B, réalisez trois plis plats de 2,5 cm tous les 5 cm, toujours dans le même sens (**voir page 38**) (fig. 2). Une fois les plis réalisés, la mesure Z doit être égale à Y.

7. Assemblez vos deux pièces B, piquez les côtés et surfilez.

8. Ourlez la base (**voir les explications page 33**).

9. Assemblez la partie basse de la jupe à la ceinture. Piquez et surfilez.

10. Réalisez l'appliqué ciseau (**voir les explications page 39**), puis piquez au point droit sur la jupe à l'endroit désiré.

1

2

Le **paréo à effeuiller**

PRÉPAREZ VOS GABARITS

1. Mesurez X votre tour de petites hanches (**voir les indications page 30**) et calculez les autres mesures.

2. Rajoutez 2 cm d'ourlet sur tous les bords si vous ourlez. Si vous préférez surfiler sans faire d'ourlet, rajoutez 0,5 cm, sauf à la mesure X qui nécessite tout de même un ourlet. Découpez, surfilez et/ou ourlez.

Voir les gabarits du paréo page 100, des appliqués salamandre et feuilles page 110 et du lys page 106.

1

2

fournitures

Tailles 34 à 40/tailles 42 à 46 :

- Un tissu souple
- Tissu de 140 x 140 cm/140 cm x 155 cm
- Sergé : tour de petites hanches + 50 cm
- Sergé : 20 cm pour les deux passants
- Un stoppeur
- Chutes de tissus pour les appliqués feuilles et lys
- Peinture textile pour la salamandre et le lys

3

4

Le paréo à effeuiller

COMMENT COUDRE LE PARÉO ?

3. Sur le bord X, superposez le repère « a » sur le repère « b », puis piquez sur 1 cm.

4. À 4 cm de part et d'autre de ces deux points, réalisez deux boutonnières (**voir les explications page 35**) de la largeur du sergé (fig. 1).

5. Essayez le paréo. Faites passer le sergé autour de vos hanches par vos passants. Passez-le ensuite dans les boutonnières, puis au travers de l'appliqué lys (**voir page 84**) et du stoppeur.

6. Essayez le paréo. Ramenez le repère « c » au dos, à la hauteur désirée. Épinglez.

7. Réalisez 4 appliqués feuilles (**voir page 83**). Piquez-en trois sous la pointe « c ». Pour fixer la pointe, piquez le dernier appliqué par-dessus (fig. 2).

8. Réalisez la salamandre à la peinture textile (**voir page 83**).

COMMENT COUDRE LES PASSANTS ?

9. Découpez deux longueurs de sergé de 10 cm. Pliez en deux. Repliez les extrémités sur 1 cm vers l'intérieur. Positionnez vos passants sur le paréo comme bon vous semble, puis piquez les deux largeurs à 1 mm des bords.

10. Au-dessus de la base du passant, aménagez un espace libre d'une largeur de sergé. Piquez au-dessus un rectangle à 1 mm des bords (fig. 3).

11. Passez enfin le sergé dans les passants puis au travers des boutons stoppeurs comme indiqué sur la fig 4. Il servira à ajuster le paréo autour de vos hanches.

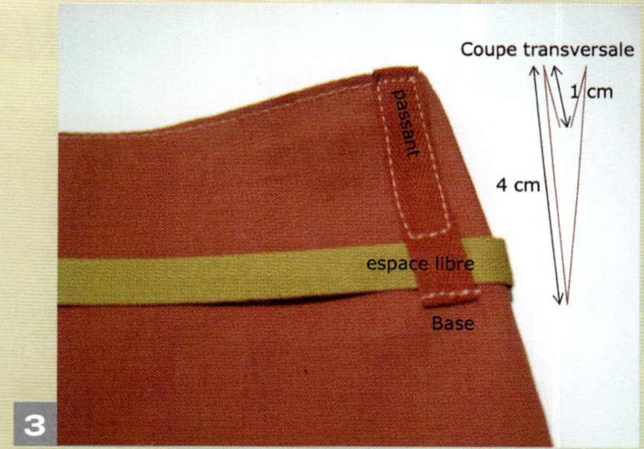

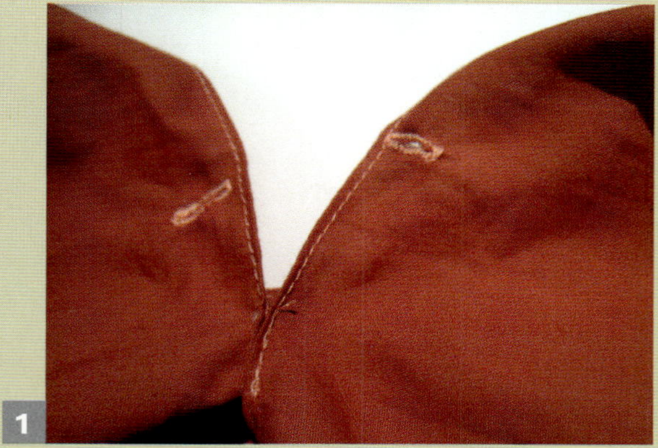

L'appliqué feuilles et peinture textile

Voir les gabarits de l'appliqué feuilles et de la salamandre page 110.

fournitures pour une feuille

- Une chute de tissu de 8 x 12 cm

COMMENT FAIRE ?

1. Suivez les explications sur la réalisation des appliqués **page 39**.
2. Dessinez à la craie de tailleur le contour du gabarit de l'appliqué feuille sur vos tissus, puis reportez les rainures.
3. Piquez au point bourdon le contour (fig. 1). Piquez au point droit les rainures (fig. 2). Découpez.

fournitures pour une salamandre

- Le gabarit de la salamandre comporte des détails très fins. Pour réaliser un appliqué, utilisez de la polaire ou de la feutrine (car ils ne s'effilochent pas). Coupez les contours à cru, puis piquez votre salamandre au point droit sur le tissu

Vous pouvez aussi utiliser le gabarit comme un pochoir afin de réaliser la salamandre à la peinture textile.

COMMENT FAIRE ?

1. Suivez les explications sur la peinture textile **page 41**.
2. Dessinez à la craie de tailleur le contour du gabarit de la salamandre sur votre tissu.
3. Peignez l'intérieur du dessin (fig. 3). Une fois la peinture sèche, repassez les contours au pinceau très fin (fig. 4).
4. Laissez sécher. Repassez sans vapeur pendant 5 minutes pour fixer la peinture.

1

2

3

4

L'appliqué lys

Voir le gabarit de l'appliqué lys page 106.

COMMENT FAIRE ?

Suivez les explications sur la réalisation des appliqués **page 39** et de la peinture textile **page 41**.

Si vous utilisez le lys pour en faire une fleur décorative sans la repiquer sur un tissu, il faut consolider le tissu. Utilisez alors soit la Vlieseline®, soit la ouate plate.

1. Préparez votre tissu (en entoilant ou en intercalant la ouate plate entre vos chutes de tissu).

2. Dessinez à la craie de tailleur le contour du gabarit du lys sur votre tissu ou sur la toile thermocollante. Reportez les détails des pétales et les pistils (fig. 1).

3. Piquez au point bourdon le contour et le dessin des pétales (fig. 2). Découpez.

4. Réalisez les pistils et les détails fins à la peinture textile (fig. 3). Rajoutez un peu de peinture or pour donner du relief à votre fleur (fig. 4).

1

2

fournitures

- Une chute de tissu de 25 x 25 cm (ou deux chutes si vous utilisez la ouate plate pour consolider)
- Un morceau de Vlieseline® ou de ouate plate de 25 x 25 cm
- Peinture textile pour les pistils

3

4

[le **carnet technique et les gabarits**

Les gabarits sont donnés sans surplus de couture ou d'ourlet.

N'oubliez donc pas de rajouter 1,5 cm de couture et 2 cm d'ourlet.

Le bord de pliure du tissu est noté "pliure du tissu" ; il est symbolisé par un trait en pointillé.

Respectez le droit-fil, représenté sur les gabarits par une flèche épaisse.

Vous trouverez, sur certains gabarits, des mesures qui correspondent à une taille 40 à titre indicatif. Pour adapter la tenue à vos mesures, reportez-vous aux explications **pages 30 et 31**, ainsi qu'au tableau de mesures **page 115**.

Gabarit de **la tunique de Madame Butterfly**

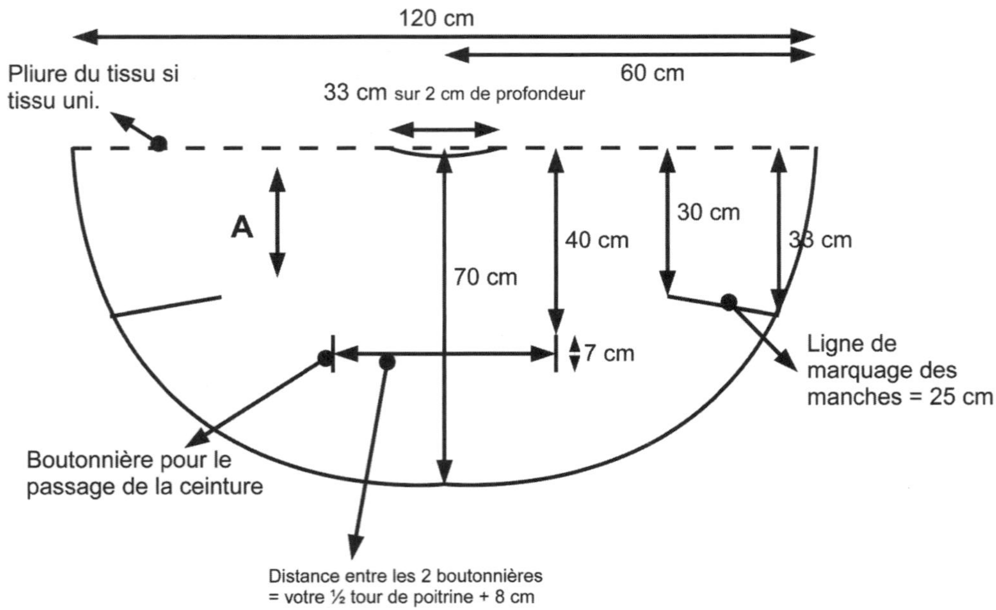

La tunique de Madame Butterfly correspond au look 1, pages 4 et 5.

Les explications se trouvent **pages 44 et 45.**

Gabarit de **la tunique kimono**

Mesures données pour une taille 40.
Pour l'adapter à votre taille, prenez votre mesure sous poitrine et augmentez proportionnellement les lignes tracées en pointillés.

<u>Partie corset</u> :
Dans l'ordre de l'intérieur vers l'extérieur.
Montez en premier la pièce C, B dos, B avant, puis D.

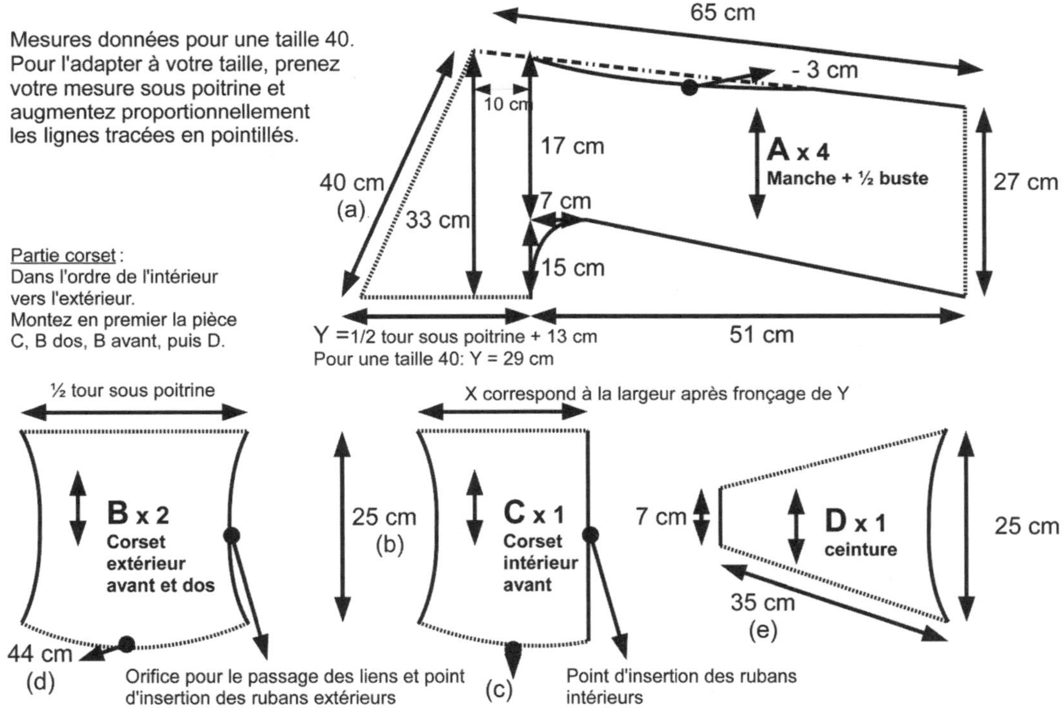

La tunique kimono correspond au look 2, pages 6 et 7.

Les explications se trouvent **pages 46, 47 et 48.**

Gabarit de la **tunique aux hibiscus**

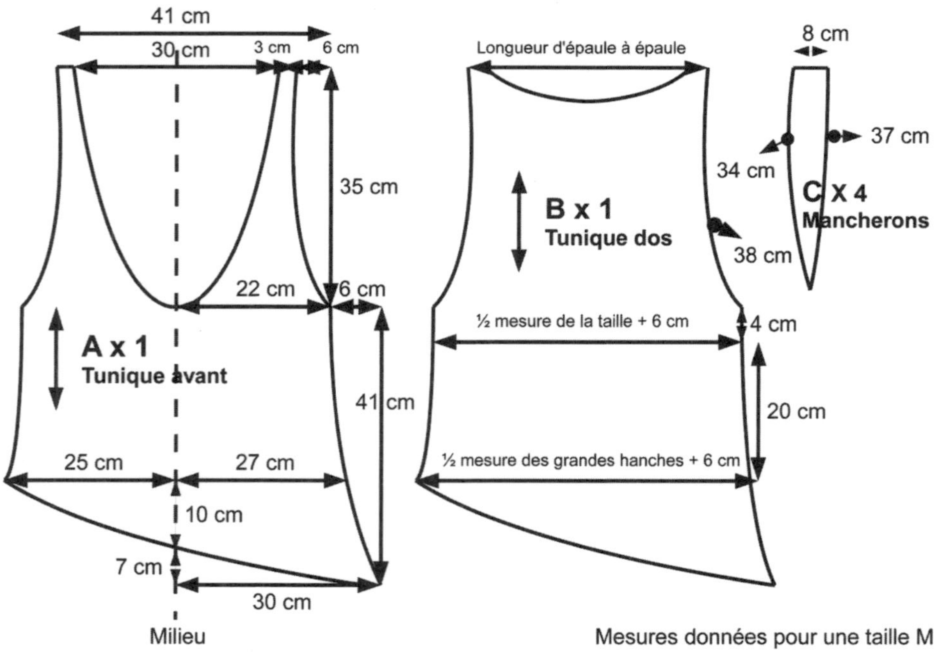

La tunique aux hibiscus correspond au look 6, pages 12 et 13.

Les explications se trouvent **pages 49 et 50**.

Gabarit du **cache épaule**

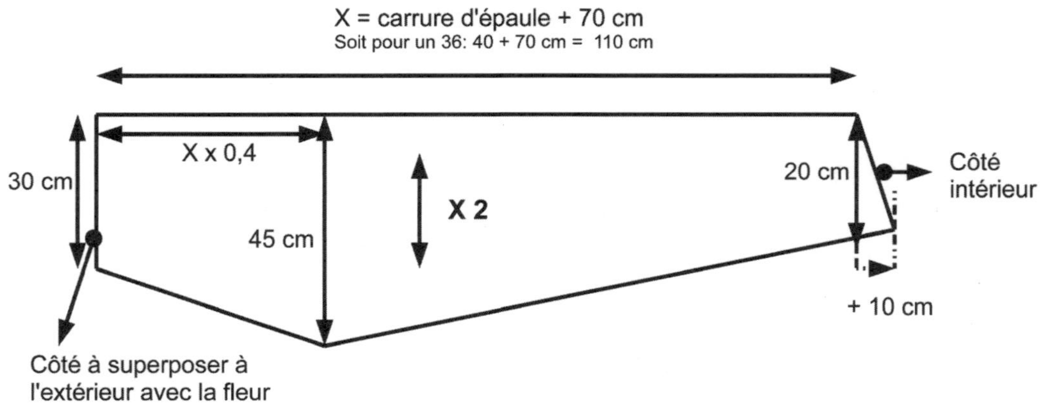

Le cache épaule correspond au look 7, page 15.

Les explications se trouvent **page 51**.

Gabarit de la **capuche du Petit Chaperon rouge**

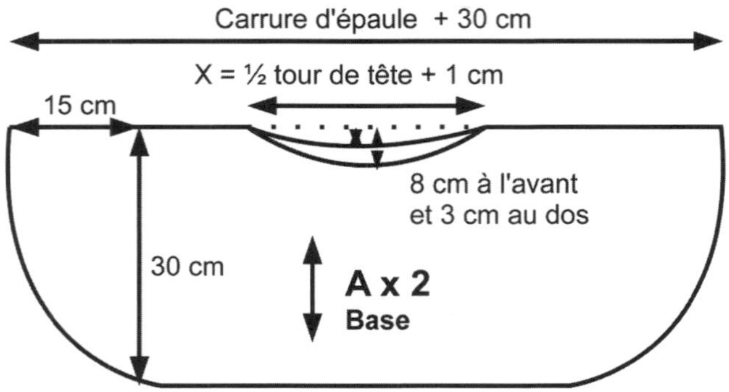

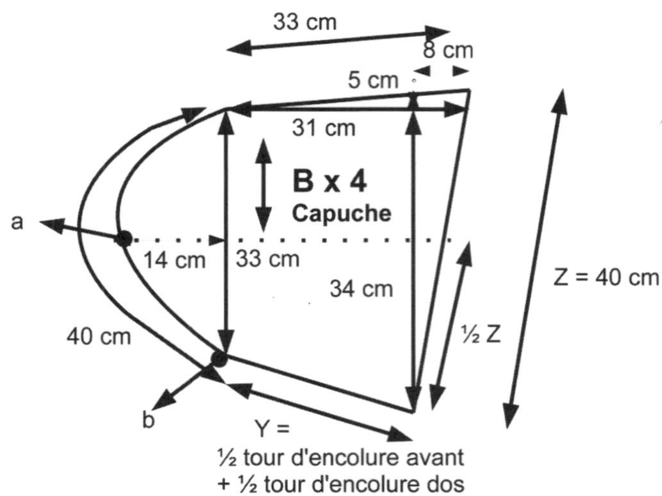

La capuche correspond au look 11, pages 23 et 24.

Les explications se trouvent **pages 53 à 55**.

Gabarit du **top étoiles**

Le top étoiles correspond au look 5, **page 11**.

Les explications se trouvent **pages 56 et 57**.

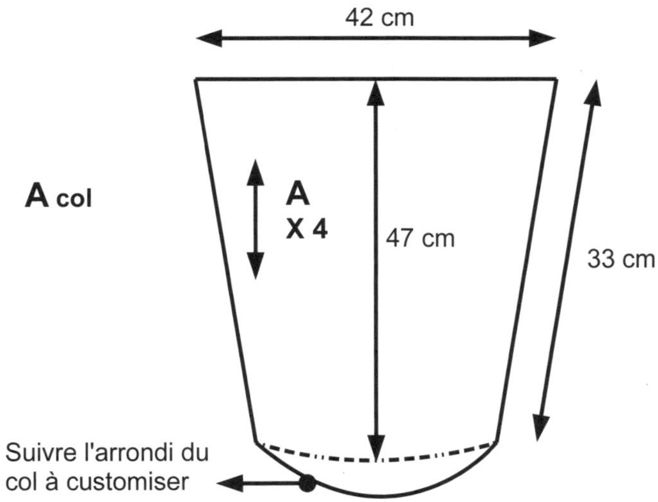

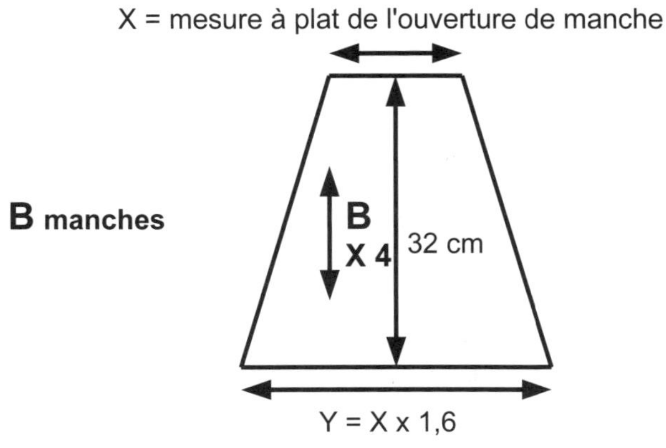

Gabarit de la **tunique au flamand rose**

Schémas de la partie basse

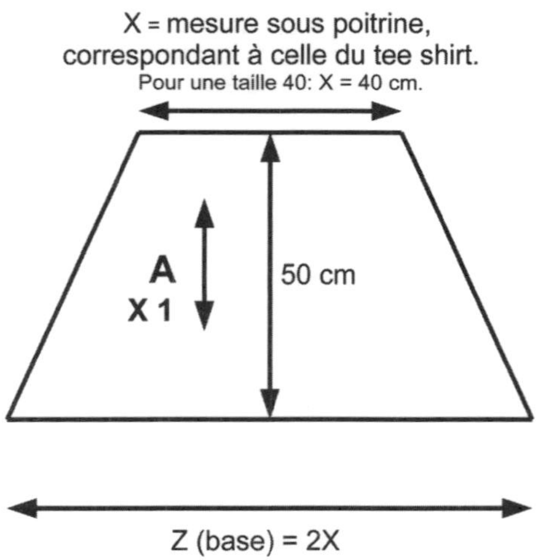

A Avant de la tunique

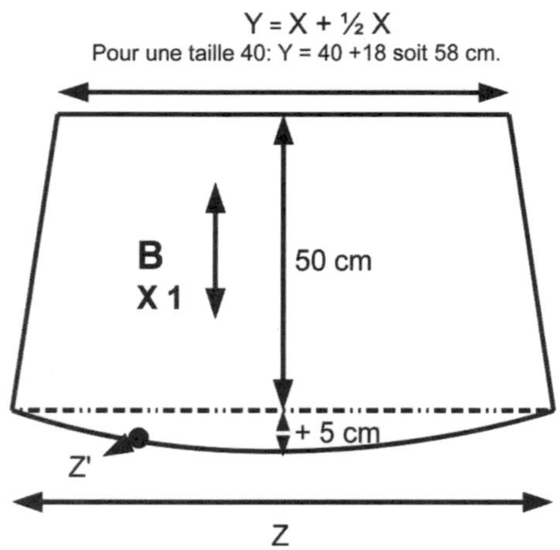

B Dos de la tunique

La tunique au flamand rose correspond au look 7, **pages 14 et 15**.

Les explications se trouvent **pages 58 à 61**.

Gabarit de la **tunique de Heidi**

La tunique de Heidi correspond au look 8, **pages 16 à 17**.

Les explications se trouvent **pages 62 à 64**.

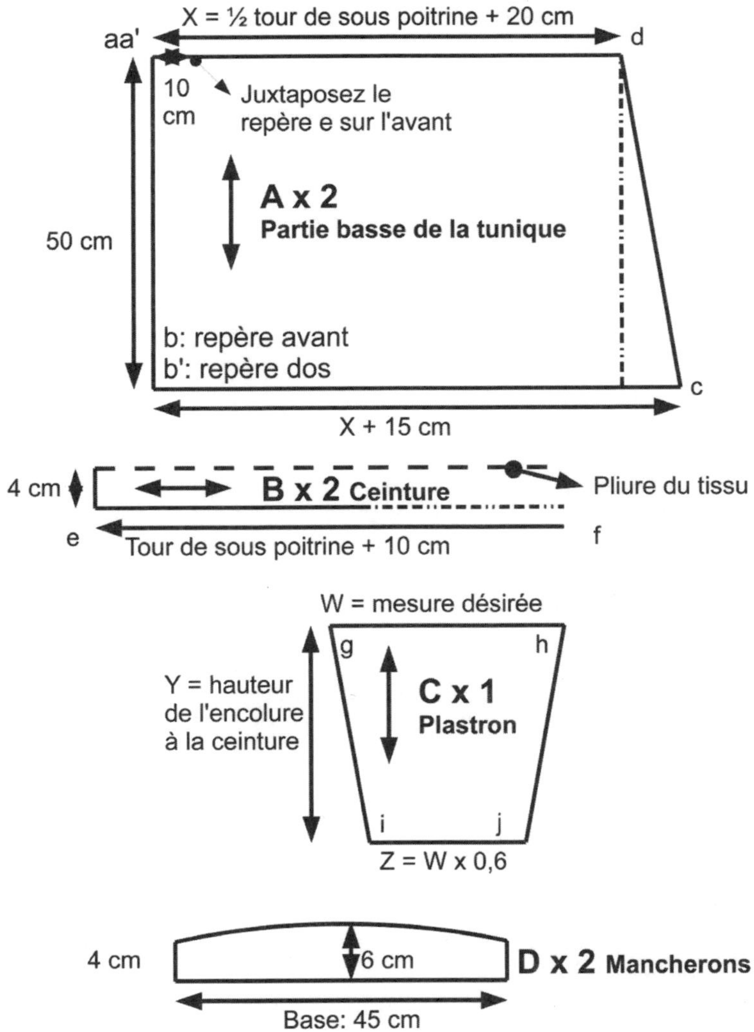

Gabarit de la **robe-tablier coquelicots**

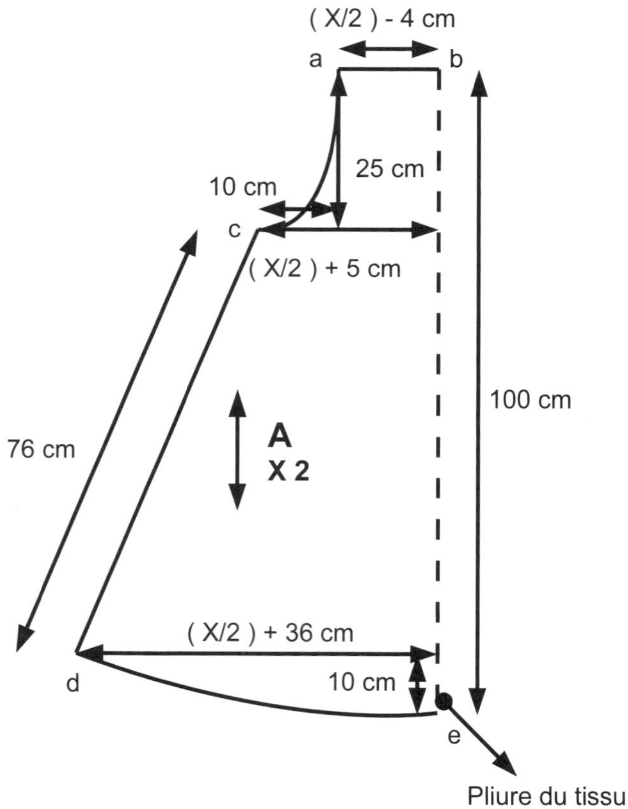

La robe-tablier coquelicots correspond au look 10, **pages 20 à 22**.

Les explications se trouvent **pages 66 à 68**.

Gabarit de la **robe hirondelle**

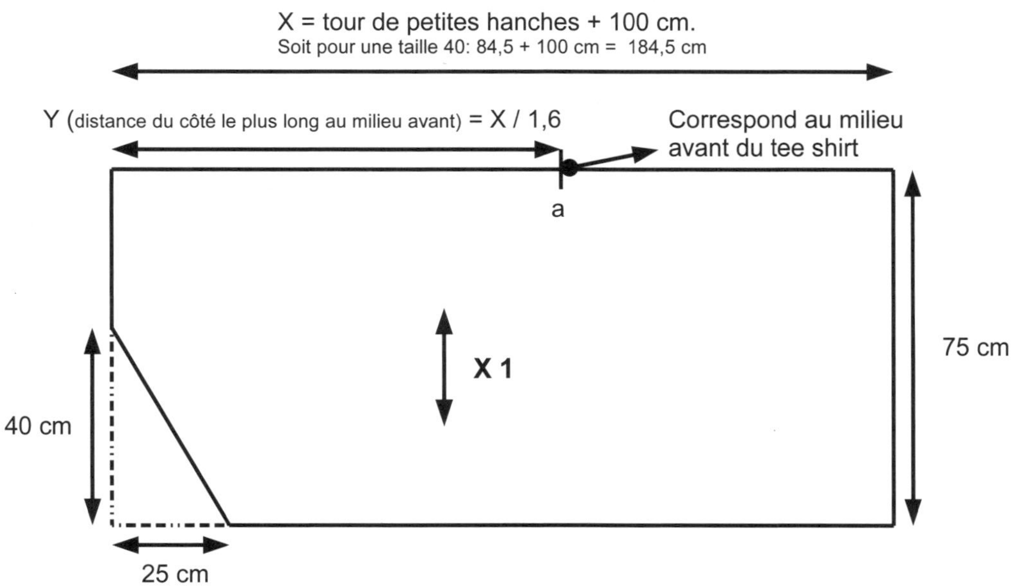

La robe hirondelle correspond au look 12, pages 25 à 27.

Les explications se trouvent pages 69 à 71.

Gabarit de la **jupe asymétrique**

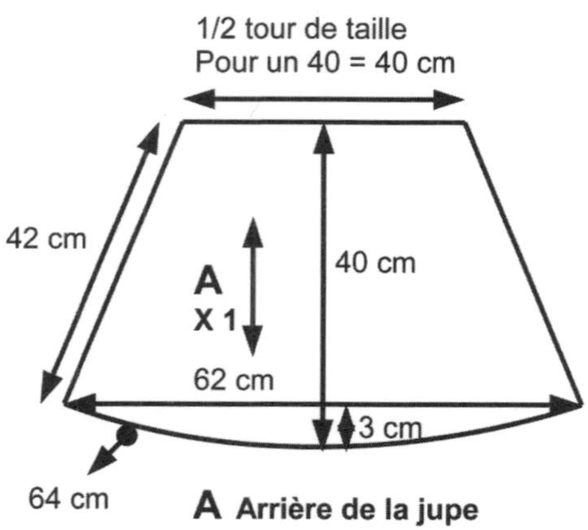

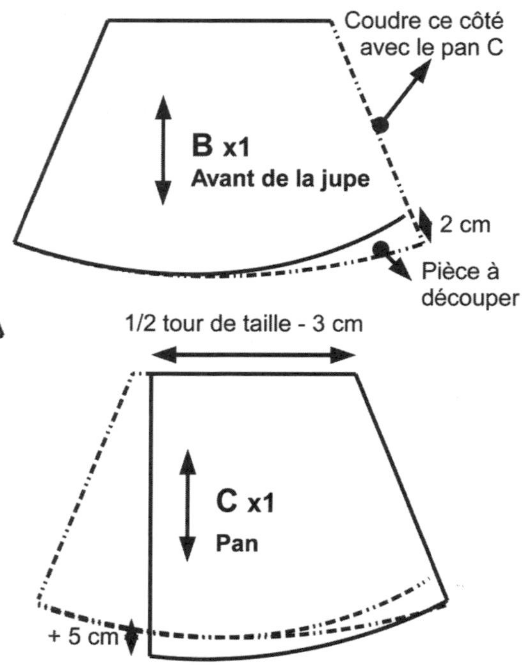

Les mesures données correspondent à une taille 40.
Pour adapter la jupe à vos mensurations, mesurez votre 1/2 tour de taille et augmentez proportionnellement les mesures sur l'horizontale.
Si vous voulez augmenter la hauteur de la jupe, faites de même avec celles sur la verticale.

La jupe asymétrique correspond au look 2, **pages 6 à 7**.

Les explications se trouvent **pages 74 et 76**.

Gabarit de la **jupe et de la robe du toucan**

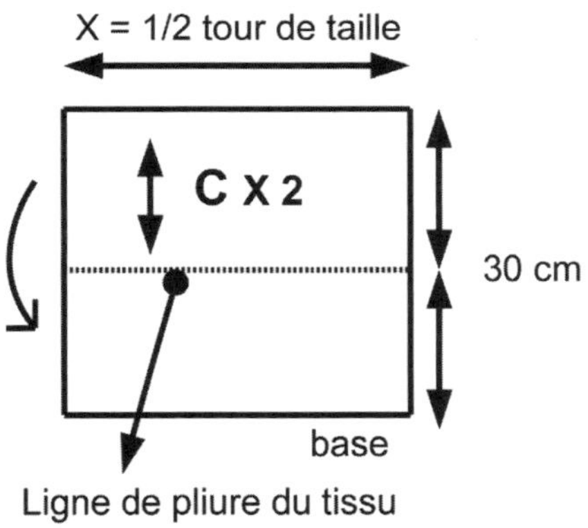

A ceinture

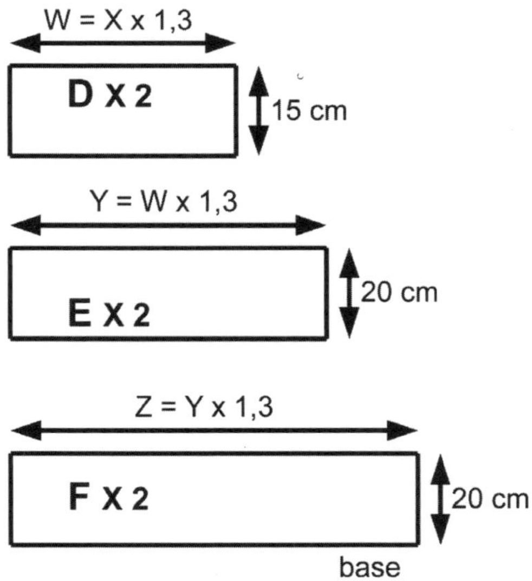

B volants

Pour adapter la jupe à vos mensurations, mesurez votre demi tour de taille et reportez les mesures trouvées sur votre gabarit.
Si vous voulez augmenter la hauteur de la jupe, faites-le en augmentant les valeurs verticales des volants.

La jupe du toucan correspond au look 3, **pages 8 et 9**.

Les explications se trouvent **pages 74 à 76**.

Gabarit de la **jupe aux libellules**

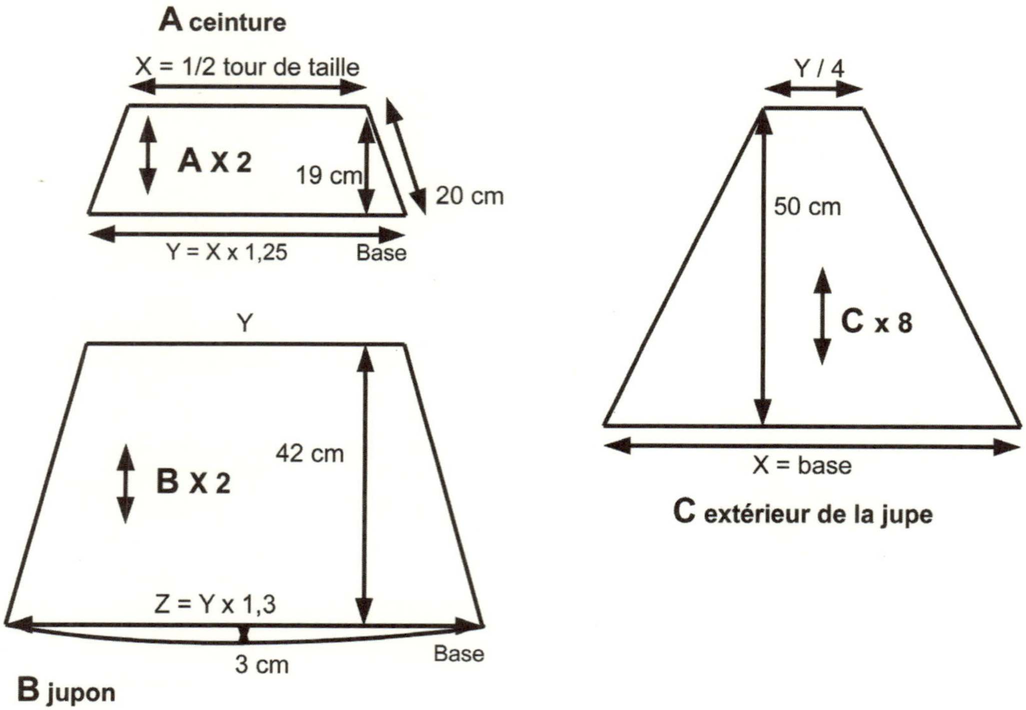

La jupe aux libellules correspond au look 4, **page 10**.

Les explications se trouvent **pages 77 et 78**.

Gabarit de la **jupe à plis**

A ceinture

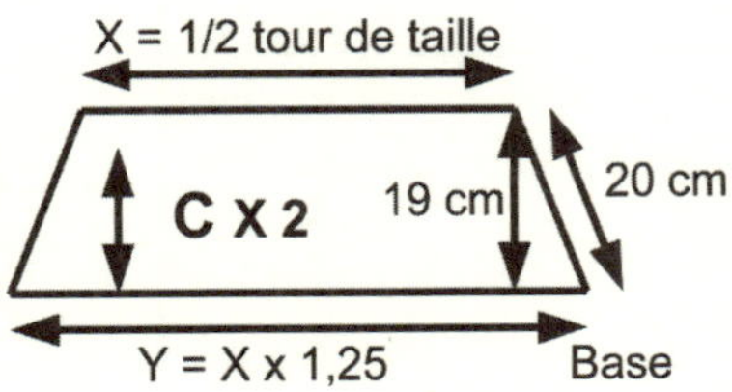

B partie plissée de la jupe

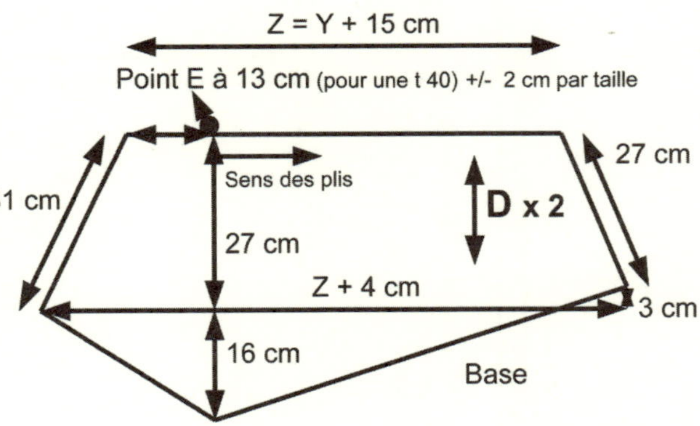

Si vous voulez augmenter la hauteur de la jupe, faites-le en augmentant les valeurs verticales de la partie B.

La jupe à plis correspond au look 5, **page 11**.

Les explications se trouvent **pages 79 et 80**.

Gabarit du **paréo à effeuiller**

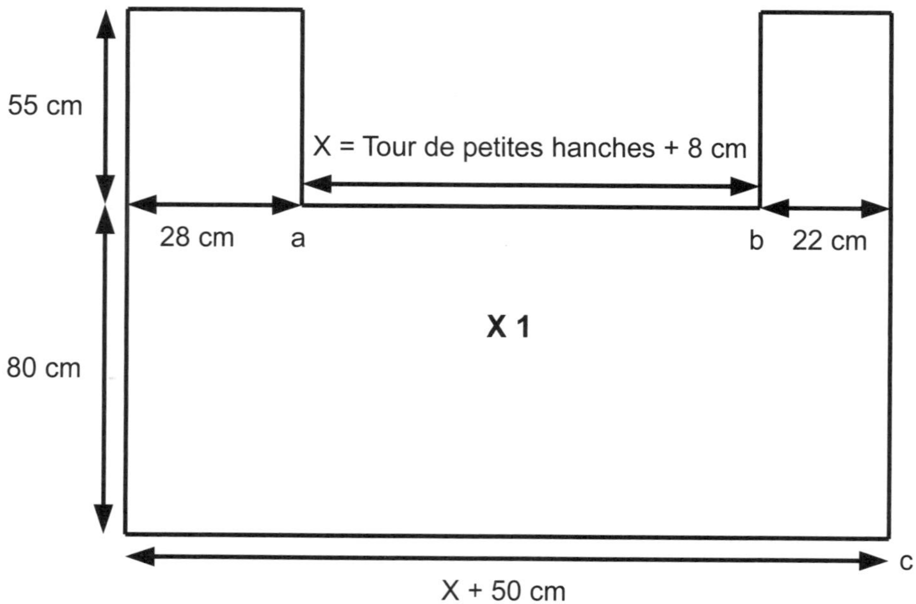

Le paréo à effeuiller correspond au look 9, **pages 18 et 19**.

Les explications se trouvent **pages 81 et 82**.

L'appliqué **papillon**

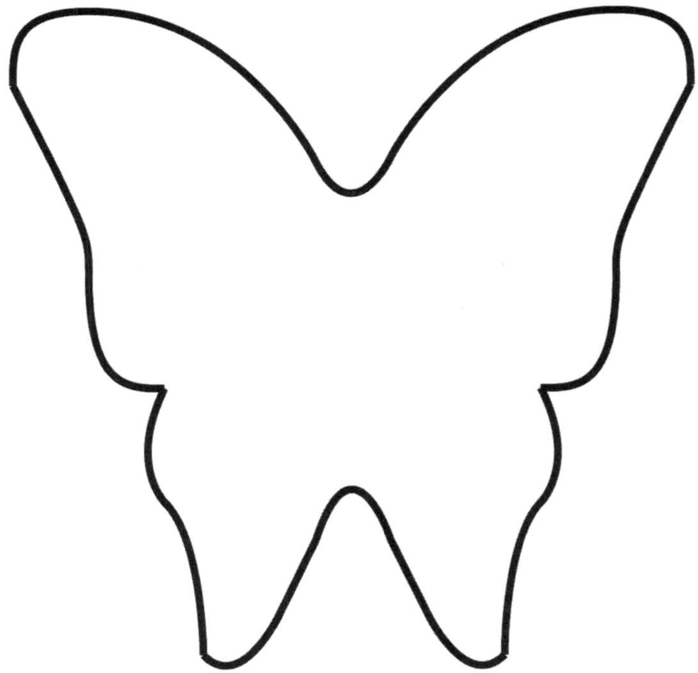

Voir **pages 4, 5, 44 et 45.**

L'appliqué **libellule**

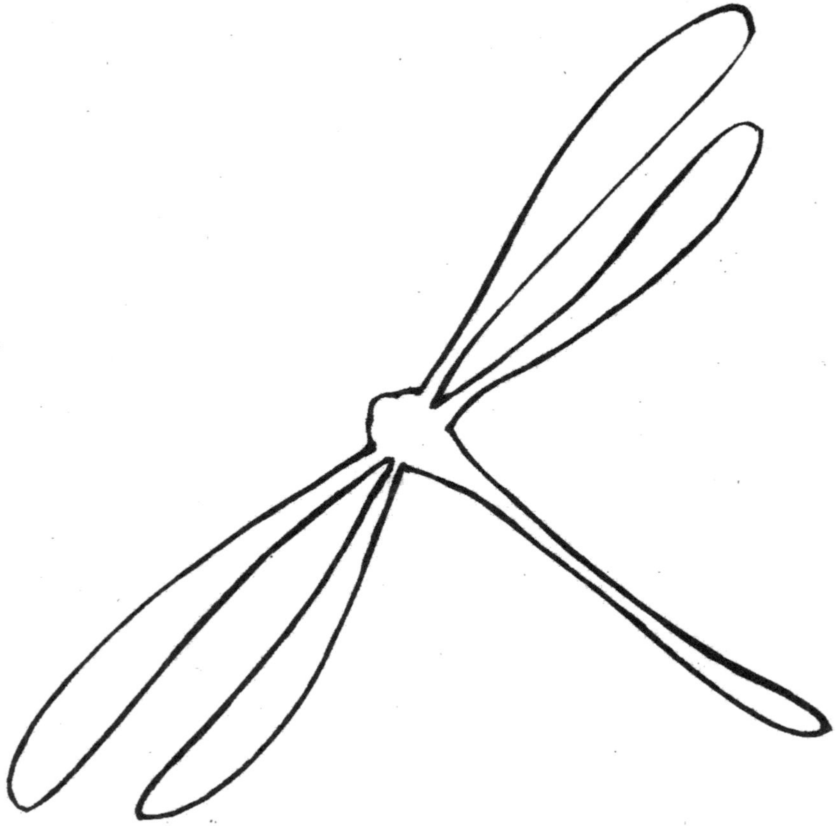

Voir les explications pour la réalisation de la jupe aux libellules

pages 10 et 77.

L'appliqué **étoile et ciseau**

Voir l'appliqué étoile **pages 11 et 56.**

Voir l'appliqué ciseau **pages 27 et 79.**

L'appliqué **hirondelle**

Voir les explications pour la réalisation de la robe hirondelle

pages 25 à 27 et 69 à 71.

L'appliqué **hibiscus et colibri**

Voir les explications pour la réalisation de la tunique aux hibiscus

pages 12, 13, 49 et 50.

L'appliqué **lys**

Voir les explications pour la réalisation du paréo à effeuiller

pages 18, 81 et 84.

L'appliqué **flamand rose**

Voir les explications pour la réalisation de la tunique au flamand rose

pages 14, 15, 58 et 61.

L'appliqué **fleur**

Voir les explications pour la réalisation de la tunique de Heidi

pages 16, 62, 63 et 65.

L'appliqué **coquelicots**

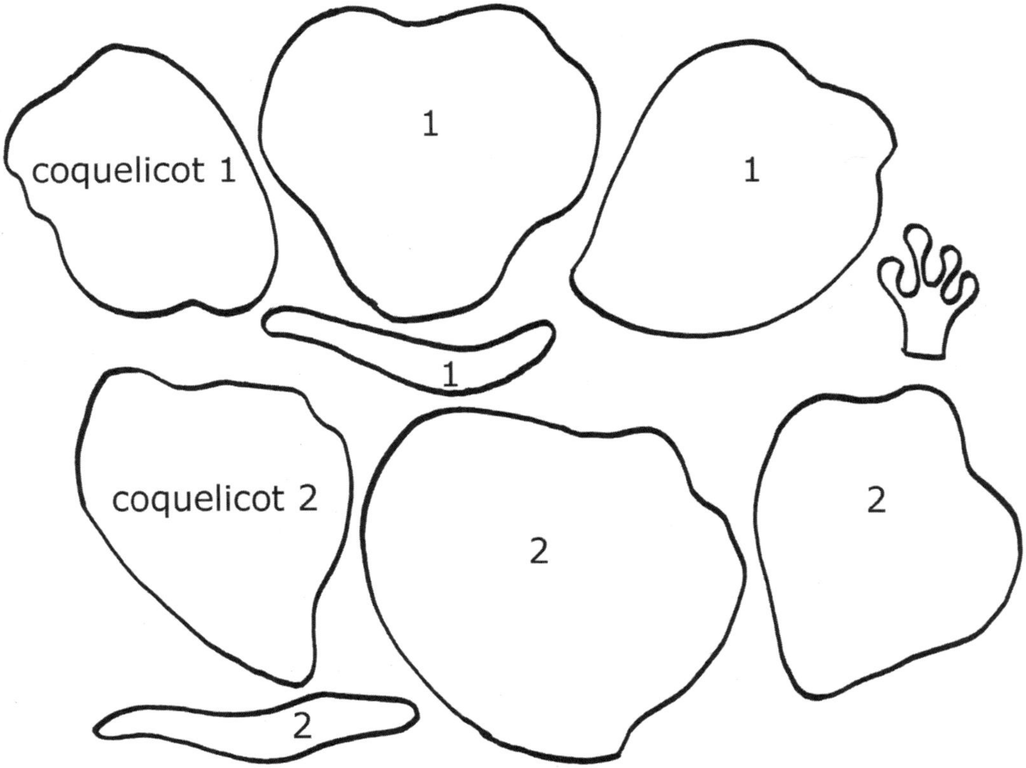

Voir les explications pour la réalisation de la robe-tablier coquelicots

pages 20, 22, 66, 67 et 68.

Les appliqués **salamandre et feuille**

Voir les explications pour la réalisation du paréo à effeuiller

pages 18, 81 et 83.

Le dessin du **Petit Chaperon rouge**

Voir les explications pour la réalisation de la capuche du

Petit Chaperon rouge **pages 23, 24, 41, 42, 53 et 55.**

L'appliqué **toucan**

Voir les explications pour la réalisation de la jupe du toucan

pages 8, 74 et 76.

L'appliqué **panda**

Dessin d'appliqué proposé en plus, juste pour le plaisir !

L'appliqué **pissenlits**

Dessin d'appliqué proposé en plus, juste pour le plaisir !

Conseil

Puisque les pissenlits sont très fins, il sera plus facile d'utiliser de la feutrine et de les repiquer au point droit directement sur le tissu.

Tableau des mesures femme

MESURES	TAILLES						
	XS	S		M		L	
	34	36	38	40	42	44	46
½ tour de poitrine	40	42	44	46	48	50	52
½ tour de carrure dos	17,25	17,5	17,75	18	18,25	18,75	19,25
½ tour de carrure devant	16,5	16,75	17	17,25	17,5	18	18,5
½ tour de taille	29,5	31,5	33,5	35,5	37,5	39,5	41,5
½ tour de grandes hanches	42	44	46	48	50	52	54
½ tour de petites hanches	36,5	38,5	40,5	42,5	44,5	46,5	48,5
longueur taille à terre devant	104	105	105	106	106	107	107

Les tailles données le sont à titre indicatif.
Elles correspondent à des tailles standards et s'appuient sur les normes AFNOR.
Aussi, pensez bien à comparer les vôtres en suivant les explications **pages 30 et 31**.

Mes **copines** de **blogs**

Le blog de l'auteur

- http://parfumduciel.over-blog.com
- http://parfumduciel.blogs.marieclaireidees.com
- http://unboutdeciel.canalblog.com

Les *addicts* de Parfum du Ciel

- http://pducieladdict.canalblog.com

Découvrez des blogs

De copine :

- http://aureole.over-blog.com
- http://colporteuse-d-histoires.over-blog.com
- http://de-petits-riens.over-blog.com
- http://fifi-brin-de-folie.over-blog.com **(voir la création page 18)**
- http://freecolors.blogs.marieclaireidees.com **(voir la création page 21)**
- http://www.lalimaya.fr
- http://lesenviesfolles.canalblog.com
- http://ptitchoseetmoa.canalblog.com
- http://zinefimo.canalblog.com **(voir la création page 10)**

De couture :

- http://bluecrea.blogs.marieclaireidees.com
- http://bonome.canalblog.com
- http://brouillondecouture.blogspot.com
- http://chipichipo.blogspot.com
- http://cromimi.blogs.marieclaireidees.com
- http://choseetautre.canalblog.com
- http://couleursetgourmandises.blogs.marieclaireidees.com
- http://cousucousin.hautetfort.com
- http://creerpourrever.blogs.marieclaireidees.com
- http://dalki.free.fr
- http://ddouetcie.canalblog.com
- http://www.divinecousette-creation.com
- http://www.doudouetchouboulette.com
- http://elodbark.canalblog.com
- http://papouilles.canalblog.com
- http://deslutineries.canalblog.com
- http://feeparadis.canalblog.com
- http://gabjapoiseaux.canalblog.com
- http://ginapaillette.hautetfort.com
- http://henriviolette.blogspot.com
- http://jusbcoud.blogspot.com
- http://katellrose.canalblog.com
- http://la-fee-des-bois.over-blog.com
- ttp://lafeedombre.over-blog.com **(voir la création page 29)**
- http://lafeedulutin.over-blog.com
- http://lalou09.canalblog.com
- http://lepotachatouille.canalblog.com
- http://leroso.blogspot.com
- http://lesbonheursdecandice.over-blog.com
- http://lescaillouxdemae.canalblog.com
- http://lesdadasdemariejo.over-blog.com
- http://leslubies.over-blog.org
- http://lespepitesdelakshmi.over-blog.com
- http://luuna.over-blog.com
- http://linoth.unblog.fr
- http://loloche.canalblog.com
- http://www.madeby6.blogspot.com
- http://mavacre.canalblog.com
- http://manouloucreation.blogspot.com
- http://miss-clique-et-pique.blogspot.com
- http://misslaureline.blogspot.com
- http://missyayas.canalblog.com
- http://mymerciereisrich.canalblog.com
- http://naindejardin.blogs.marieclaireidees.com
- http://nanoucrea.over-blog.com
- http://sonia-brest.over-blog.com
- http://satineviolette.canalblog.com
- http://poussieredelutin.canalblog.com
- http://www.segoccinelle.com
- http://400coups.canalblog.com
- http://4epingles.canalblog.com
- http://shoobidoowap.canalblog.com
- http://soece.canalblog.com
- http://www.henriviolette.blogspot.com
- http://web.me.com/cribay/AllezZOU/Blog/Blog.html
- http://zaelleza.canalblog.com

De peinture sur tissu :

- http://pinceauxaddict.canalblog.com

De broderie :

- http://laiguilleetourdie.blogs.marieclaireidees.com
- http://le-fil-de-mes-envies.over-blog.com

De crochet :

- http://aiguilleetourdie.canalblog.com
- http://freecolors.canalblog.com
- http://lescreasdenine.blogs.marieclaireidees.com
- http://lylilafleur.canalblog.com
- http://mistykouette.blogs.marieclaireidees.com
- http://ofildelo35.canalblog.com
- http://poulette.au.safran.over-blog.fr
- http://tiboudamou.blogspot.com

De déco :

- http://lakyrielledart.canalblog.com
- http://cartonsens.canalblog.com
- http://claudine.ronnaux.free.fr

D'illustrations :

- http://artabesques.canalblog.com
- http://ladyxzeu.unblog.fr
- http://anna-ziliz.blogspot.com
- http://baboosh.canalblog.com
- http://www.june-leeloo.com/blog
- http://laprincesseetlelephant.blogspot.com
- http://www.misstigri.fr/blog
- http://cajanuage.canalblog.com
- http://sophie.rohrbach.free.fr

De pâte polymère :

- http://www.zcomzeze.canalblog.com **(voir la création page 24)**
- http://oeil2cha.blogspot.com
- http://cyclone.over-blog.fr
- http://bijouxde100drine.canalblog.com
- http://leblogdelore.canalblog.com
- http://faustinecoquelicot.blogspot.com
- http://grisbleu.canalblog.com
- http://lafilleduconsul.blogspot.com
- http://grenouillelune.canalblog.com
- http://leaaimelesfleurs.canalblog.com
- http://www.lilli-prune.com/blog3/index.php
- http://louloutefimote.over-blog.com
- http://basbleu.canalblog.com
- http://nathalie13780.canalblog.com
- http://www.miss-coquette.com
- http://cleliablagoev.canalblog.com
- http://severinepolycrea.canalblog.com
- http://bidul2tytebul.canalblog.com

De tricot :

- http://miliezebomb.canalblog.com **(voir la création page 71)**
- http://helyne.canalblog.com
- http://www.katia64.canalblog.com
- http://detinmarin.canalblog.com
- http://l-avis-de-ptit-grain-de-sel.over-blog.net
- http://rouge-bizoux.blogspot.com

De scrapbooking :

- http://polinka.canalblog.com
- http://monpetitcoindescrap.blogspot.com

Les **boutiques sur le net et dans la vraie vie**

Les boutiques sur Internet

De créateurs
http://lesfeeslumiere.over-blog.com
http://www.marion-et-ses-petitesmains.com

De laines
http://www.etsy.com/shop/mchg

De tissus
http://fabricsaddict.fr
http://www.bouillon-de-couture.fr
http://www.reprodepot.com
http://bleudetoiles.free.fr
http://aufildemma.com
http://myworld.ebay.fr/pomadour24
http://www.lafarandoledestissus.typepad.com
http://www.fabricworm.com
http://www.ciaspalette.com
http://aiguilleetourdie.canalblog.com

De patrons
http://cestdimanche.canalblog.com
http://www.lalimaya.fr

De mercerie
http://www.rascol.com
http://www.lacouseriecreative.com
http://www.ladroguerie.com
http://www.a-qui-s.fr (étiquettes personnalisées)
http://www.entreedesfournisseurs.fr (étiquettes personnalisées)
http://www.lalimaya.fr (étiquettes personnalisées)

Les boutiques dans la vraie vie

À Marseille et ses environs

Tissus plus
ZAC de la Martelle - 13400 Aubagne - 04 42 84 46 94

La caverne aux mille tissus
80 rue Monte Cristo - 13004 Marseille - 04 91 34 48 53
06 16 92 35 86

Le marché de La Plaine les mardis
et jeudis matin
Place Jean Jaurès - 13001 Marseille

IKEA
ZAC La Valentine - 13011 Marseille

La Droguerie
42-44 rue de Vacon - 13001 Marseille - 04 91 54 39 18

La roulotte des fées lumières
14 rue Moussard - 13400 Aubagne - 04 42 71 00 71

À Paris

Marché Saint Pierre
2 rue Charles Nodier - 75018 Paris - 01 46 06 92 25

La Droguerie
9-11 rue du Jour - 75001 Paris - 01 45 08 93 27

Entrée des fournisseurs
8 rue des Francs-Bourgeois - 75003 Paris
01 48 87 58 98

Mokuba
18 rue Montmartre - 75001 Paris - 01 40 13 81 41

Remerciements

Un grand merci à Emmanuelle Prot pour sa confiance.

Merci à vous, lectrices et blogueuses, pour votre enthousiasme et votre présence qui me donne des ailes.

Merci à mon mari JB pour son soutien constant et réconfortant.

Merci à mes parents, ma sœur et mes enfants d'exister tout simplement.

Merci à Gaëlle pour la séance photos.

Merci à Fabrics Addict pour les tissus magnifiques utilisés dans ce livre.

Malgré tout le soin apporté à sa réalisation, n'hésitez pas à me contacter sur mon blog

pour me faire part de toutes vos remarques...

Et n'oubliez pas que tout est possible : on est toutes des magiciennes.

Notre engagement pour un développement durable :
Tous nos ouvrages sont imprimés en Espagne ou en France dans des entreprises respectueuses de leur personnel et de l'environnement, et qui participent au développement économique local. Nos papiers, notamment des marques Inverkote et Torras Papel, respectent la norme ISO 14001, et sont produits dans le plus pur respect des principes du développement durable. Enfin, nous veillons à optimiser et minimiser les transports des sites de production aux sites de vente.

Imprimé en Espagne
Dépôt légal juin 2010